찾아오신 예수

聖誕默想

21일간의 성탄 묵상

유빈(중국 중앙민족대학교) 지음 **문영걸** 옮김

쿰란출판사

역자의 말

한국교회에 예수님의 성탄을 갈급하게 기다리며 부르짖는 중국 교회의 기도 소리를 전할 수 있게 허락하신 하나님 아버지께 주 예수 그리스도의 이름으로 감사드립니다.

이 책의 저자인 유빈 교수는 2004년에 처음으로 알게 되었습니다. 그 당시 역자는 목원대학교 대학원에서 교회사 전공으로 박사과정에 있었는데 목원대학교 신학대학과 중국중앙민족대학교 철학과의 학술 교류로 유빈 교수가 목원대학교 신학대학에서 특강을 하게 되었고 역자가 통역을 맡게 되었습니다. 그렇게 맺어진 인연은 또 역자가 북경대학교 철학과에 종교사회학 전공으로 박사과정에 입학하면서 유빈 교수와 동문이 되며 한결 더 가까워졌습니다.

그냥 예의 바르고 학구적인 호기심이 많은 종교학 학자로만 알았는데 그 후부터 20년 가까이 교류하다 보니 유빈 교수의 다른 모습, 어쩌면 가장 아름다운 모습을 보게 되었습니다. 그는 광야와 같은 중국에서 그리스도를 마음속 깊이 간직한 예수님의 제자였다는 것입니다. 중국의 사회적 환경에서 유망한 종교학자로 이름을 알린 유빈 교수가 자신이 그리스도인이라고 공개적으로 고백할 수 있는 것은 성령의 능력이 아니면 할 수 없는 놀라운 일입니다.

그 공개적인 고백이 바로 이 책을 통하여 이루어졌습니다. 현재 중국 상황을 조금이라도 아는 사람은 2019년 11월에 베이징에 소재한 종교문화출판사에서 중국 정부 출판부처로부터 ISBN 고유번호를 허가받고 이 책을 공식 출판을 하였다는 것은 기적이라고 할 것입니다. 유빈 교수는 중국에서는 물론 미국이나 유럽이나 홍콩에서 활발한 학술 활동을 하면서 종교학 학자로 많은 인정을 받고 있습니다. 유명한 대학교의 현직 교수가 학술 서적이 아닌, 오롯이 기독교 신앙 고백 책자를 공식적으로 출판한 것은 유빈 교수가 최초일 것입니다. 그리고 이 책은 2021년 5월 *Meditations on the Birth of Christ*라는 제목으로 미국에서 번역 출판되기도 하였습니다.

이 책은 유빈 교수의 개인적인 신앙 고백만을 담은 것이 아닙니다. 신앙적인 기본이 되는 구약과 신약의 생생한 증언들을 이 책에 풍성하게 담았고, 그의 학구적인 은사를 활용하여 2천 년 동안 기독교 신앙의 전통을 논리적으로 깊게 정리하였습니다. 오리겐, 어거스틴, 안셀무스와 같은 교부들뿐만 아니라 프란시스, 보나벤투라, 로렌스 형제, 성 십자가의 요한, 소화 테레사 등 정교회, 가톨릭, 개신교와 같은 다양한 기독교 전통의 지혜를 편견 없이 담았습니다. 그래서 이 책은 전 세계적입니다.

또한 중국 기독교인들의 그리스도에 대한 갈망과 이해를 담은 책입니다. 공자, 맹자, 노자, 장재, 주희, 왕양명과 같은 유교 정통 사상가들의 삶의 지혜도 함께 담았습니다. 그래서 또한 같은 동아시아 유교 문화권인 한국과 공통의 철학이 있습니다. 한국과 같은 배경을 가진 중국 그리스도인들이 복음을 이해할 때 우리와 같은 점 그리고 다른 점이 무엇인지를 생각해 보면서 우주적인 그리스도를 만날 수 있습니다.

이 책은 그리스도인들에게 말씀을 붙잡고 묵상하는 데 도움이 되는 구조로 이루어졌습니다. 역자의 부족함으로 유빈 교수의 잔잔한 시냇물이 흐르는 듯한 수려한 문장을 그대로 재현하지 못하여 부끄럽지만, 우리 한국교회 독자들에게 익숙하면서도 무언가 색다른 문장 기법으로 하나의 분명한 주제를 깊이 들어갈 수 있도록 이끄는 책입니다.

강림절 기간 21일 동안 묵상할 수 있도록 구성된 이 책은 먼저, 매일 중점적으로 묵상할 성경 본문을 제시합니다. 그런 다음 그날의 주제에 따라 삶 속에서 적용하도록 몇 가지 질문을 합니다. 오랜 세월 동안 대학교에서 가르쳤던 유빈 교수는 좋은 질문이 좋은 학습 효과를 가져옴을 잘 알고 있습니다.

이어서 본격적으로 주제를 깊게 탐구하는 묵상 내용이 나옵니다. "역사 속에 태어난 그리스도", "세상에 태어난 그리스도", "우리 안에 태어난 그리스도", 이 세 부분은 유빈 교수가 생각하고 살아가는 현실적인 삶의 폭을 보여줍니다. 독자들은 자연 세계와 현재의 환경 위기 속에서 하나님께 더 열린 사람, 다른 사람에게 더 열린 사람, 하나님이 사랑하시는 세계에 더 열린 사람으로 세워가시는 하나님 중심의 삶으로 초대됩니다. 또한 성경적 상상력을 갖고 성경과 기독교 전통에 기반하여 현대 생활에 반응하는 세계관에 따라 우리의 삶, 공동체, 사회를 형성하도록 인도됩니다.

마지막은 묵상을 통해 하나님과의 교통으로 인도하는 짧은 기도가 있습니다. 이 기도문이 독자 개개인의 기도 방식과 다르다면 오히려 균형 잡힌 영성의 기초가 되어 줄 수도 있습니다. 초심자에게는 그리스도의 문에 들어가는 평안한 길이 될 것이고, 신앙의 경륜자에게는 더 확장되는 영역까지 더 깊이 끌어당기는 능력이 될 것입니다.

이 책은 "그리스도의 탄생"에 관한 책이라고 하지만, 사실상 예수님의 탄생, 소년기, 세례 받음, 가르침, 영광스러운 변모, 십자가 수난, 죽음, 부활을 통합적으로 아우릅니다. 그리고 예수님의 생애와 오늘 우리 그리스도인들의 생명 안에 있는 성령의 역사를 특별히 강조합니다.

이 책을 통한 강림절 묵상이 오늘날 삶의 현장에서 그리스도를 품고 사는 그리스도인이 되는 것이 무엇을 의미하는지 더 깊이 알고 싶어 하는 모든 한국교회 그리스도인들에게 귀중한 성탄 선물이 되기를 소원합니다.

2022년 봄 제주에서
역자 문영걸 드림

Prologue

살아 계신 하나님을 영접하기: 그리스도 탄생의 비밀

하나님께서 내려오셔서 사람이 되었다는 것은 기독교 신앙의 핵심입니다. 사도 요한이 말한 것처럼 "그 말씀은 육신이 되어 우리 가운데 사셨습니다. 그는 은혜와 진리가 충만하였습니다"(요 1:14). 이 말씀은 그리스도인들에게 성 삼위 하나님, 인간의 심성, 역사와 생활의 모든 이해를 결정하게 하였습니다.

그리스도의 탄생, 이는 바로 하나님이 한 아기가 되어 우리를 위해 나신 것입니다. 복음서의 저자는 상세한 필체로 우리에게 이 이야기를 알려주고 있습니다. 이 이야기는 우리로 하여금 그 당시 상황에 직접 들어가 있는 것처럼 눈으로 보고, 귀로 듣고, 손으로 만지며, 마음으로 느끼게 합니다. 하나님께서 인간 세상에 강생하신 것입니다.

교회는 이미 역사가 깊은 전통을 형성하였습니다. 해마다 성탄절이 다가오면 성탄절 이전의 네 번째 주일부터 준비합니다. 각자의 마음을 성탄에 걸맞은 상태로 가다듬는데 이 시기를 '강림절'(Advent)이라고 부릅니다. 이 책에서 우리는 3주간 동안 성경 본문에 대해 주제별로 묵상하면서 우리의 마음을 한 걸음 한 걸음씩 다듬고 예수님의 탄생이 우리 생명에 주는 의미를 확인할 것입니다. 슬기로운 다섯 처녀처럼 "그릇에 기름을 담아 등과 함께 가지고"(마 25:4), 하나님의 말씀을 '등잔'으로 삼고 우리의 마음을 '기름'으로 삼아 주님의 오심을 조용히 기다릴 것입니다.

이러한 성탄 묵상은 우리 모두를 광야에 있는 목자들처럼 "이제 베들레헴으로 가서 주께서 우리에게 알리신 바 이 이루어진 일을 보게 할 것입니다"(눅 2:15). 해마다 성탄절이 되면 우리의 마음은 베들레헴으로 달려가 그 아기의 탄생이 우리에게 주는 의미는 무엇이고 우리를 위해 무엇을 성취하였는지 생각해 보아야 합니다.

이는 우리로 하여금 어떻게 마리아처럼 "이 모든 말을 마음에 새기어 생각"해야 할지 깨우쳐줍니다(눅 2:19). 조용히 마음에 새기고 생각한 마리아는 하나님의 신비가 완전히 열려지지 않은 감추어진 보물과 같을 때에 이미 예수 탄생에 관한 모든 일들을 마음에 새기고 반복적으로 생각하며 믿음의 생명나무를 키웠습니다.

우리는 성경을 묵상하며 전심으로 예수님의 역사적인 첫 번째 강림을 간증해야 합니다. 그리고 우리의 마음을 미래로 향하게 하여 예수님이 이 세상 종말 때에 다시 오실 두 번째 강림을 소망해야 합니다. 동시에 우리는 마음을 활짝 열고 예수님이 지금 우리 안에 오시기를 요청하고 '바로 오늘'의 강림을 영접해야 합니다.

그리스도는 베들레헴에 태어나셨습니다. 그러면 베들레헴은 어디입니까? 우리의 마음이 바로 베들레헴입니다. 그리스도는 우리의 마음속에 태어나셨습니다. 우리는 그 예수님을 '알고', 우리의 마음은 예수님과 기쁨으로 사귀며, 예수님 안에서 우리는 천지의 주재가 되신 하나님과 하나가 됩니다. 예수님은 우리에게 생명의 지평을 열어주셨습니다.

우리의 삶이 곧 베들레헴입니다. 그리스도는 우리의 삶 속에 태어나셨습니다. 우리는 그리스도가 우리에게 확정해주신 삶의 법칙에 따라 마음을 바르게 하고 진심을 다하며, 몸과 마음을 닦아 수련하고 우리의 삶을 영위하며, 성결과 공의로 주님을 섬깁니다. 그리스도는 우리 삶의 세계를 수정하십니다.

우리가 사는 사회가 곧 베들레헴입니다. 그리스도는 우리의 사회 안에 태어나셨습니다. 우리는 사회 안에서 그리스도의 교회를 세웠고, 교회는 그리스도의 몸입니다. 새 하늘 새 땅을 향해 나아가는 여정 속에서 우리는 그리스도의 몸을 확증합니다. 그리스도는 이 땅에서 우리를 위하여 그의 왕국을 세웁니다.

우리 주변의 자연 만물이 곧 베들레헴입니다. 그리스도는 하늘과 땅 사이에 태어나셨고, 우주 만물은 사람으로 태어나신 성자의 몸에서 진정한 의미를 찾게 됩니다. 성육신으로 창조주가 피조물의 한 부분이 되셨고, 하나님은 이 세상에 만물을 철저히 변화시킬 한 알의 씨앗을 심으셨습니다. 하나님의 구원 사역은 이 만물 가운데서 '탄식'하시는 성령을 통하여 사람들의 죄악으로 파괴된 자연을 회복시킵니다. 성령은 우리를 이끌어 합심하여 하나님을 찬송하도록 합니다.

이것이 곧 우리가 해마다 그리스도의 탄생을 축하하는 비법입니다. 즉, 그분은 살아 계신 하나님이십니다. 그분은 우리의 생명 안에 탄생하셨습니다. 그분은 우리의 삶 속에 탄생하셨습니다. 그분은 우리의 사회 속에 탄생하셨습니다. 그분은 우리의 자연 속에 탄생하셨습니다.

성탄은 우리 모든 심령의 성탄입니다. 성탄은 성령 안에서 그리스도와의 만남입니다. 강림절은 절기의 형식으로 우리를 그리스도 앞으로 인도합니다. 우리로 하여금 다시 한 번 샘물가로 다가가 생명의 생수를 취하게 합니다. 우리로 하여금 참빛으로 다가가 밝게 비춰주는 그 빛을 받게 합니다.

이 3주간의 시간 동안 우리 함께 하나님의 말씀과 만납시다. 신약의 그리스도인들과 함께 예수님의 성탄을 간증합시다.

마리아처럼 "내 마음이 하나님 내 구주를 기뻐"하고 우리 함께

'기쁨'을 간증합시다.

시므온처럼 "이제는 말씀하신 대로 종을 평안히 놓아 주시는도다" 하면서 우리 함께 '평안'을 간증합시다.

마리아처럼 "주의 말씀대로 내게 이루어지이다" 하면서 우리 함께 '순종'을 간증합시다.

세례 요한처럼 "주의 길을 준비하리라 그의 오실 길을 곧게 하리라" 하면서 우리 함께 '준비'를 간증합시다.

사가랴처럼 "성결과 의"로 섬기면서 우리 함께 '섬김'을 간증합시다.

베들레헴에 태어나신 인자는 우리의 마음을 감동시켜 주실 뿐만 아니라 우리의 감정도 기쁨으로 가득차게 하시고 우리의 성정도 보듬어 주십니다. 이 3주간의 묵상 속에서 우리는 예수님 앞에 나아가 주님게 초점을 두고 믿음 가운데서 주님을 주목해야 합니다. "내가 주님을 바라보고, 주님께서 나를 바라보신다." 서로 주목하면서 우리는 하나로 녹아듭니다. 주님을 향한 주목 중에 우리는 끊임없이 자아를 소멸함을 배웁니다. 동시에 우리는 기도도 드립니다. "세상의 모든 사람들을 밝게 비추는" 참빛이 우리 심령을 바라보시는 주님의 눈빛이 되어서 주님께서 우리가 주님의 진리, 성실과 자비의 시선으로 삶의 모든 것을 바라볼 수 있도록 인도하시기를 기도드립니다.

성부와 성자가 함께 성령을 부르셔서 우리의 생명 안에 부어주소서.
　우리로 하여금 주님의 성품을 갖게 하시고, 주님을 더욱 사랑하고 본받아 주님을 더욱더 닮게 하옵소서.

목차

역자의 말 • 2
Prologue
살아 계신 하나님을 영접하기: 그리스도 탄생의 비밀 •6

제1부 그리스도는 역사 속에 태어나셨다

1. 주여, 오시옵소서! 16
2. 마리아는 무엇을 기뻐하는가? 24
3. 아브라함의 자손 33
4. 담대하게 거룩함과 공의로 섬기다 41
5. 말씀대로 내게 이루어지이다 54
6. 성령으로 잉태되다 63

제2부 그리스도는 세상에 태어나셨다

7. 지극히 높은 곳에서는 하나님께 영광을 74
8. 내 눈이 주의 구원을 보았사오니 84
9. 이름을 예수라 하라 93
10. 애굽으로 피하라 103

11.	내 아버지 집에 있어야 하나이다	112
12.	주의 길을 준비하라, 그의 오실 길을 곧게 하라	121
13.	마지막 아담	128

제3부 | 그리스도는 우리 안에 태어나셨다

14.	심령이 가난한 자	140
15.	애통하는 자	152
16.	온유한 자	160
17.	의에 주리고 목마른 자	175
18.	긍휼히 여기는 자	185
19.	마음이 청결한 자	195
20.	화평케 하는 자	212
21.	의를 위하여 박해를 받는 자	231

Epilogue
모든 사람의 성탄 •244

제1부

그리스도는
역사 속에 태어나셨다

1. 주여, 오시옵소서!
2. 마리아는 무엇을 기뻐하는가?
3. 아브라함의 자손
4. 담대하게 거룩함과 공의로 섬기다
5. 말씀대로 내게 이루어지이다
6. 성령으로 잉태되다

1. 주여, 오시옵소서!

묵상 본문

"우리 주여 오시옵소서"(고전 16:22).
"주 예수여 오시옵소서"(계 22:20).

묵상 질문

1. 우리가 성탄을 묵상할 때, 왜 "주여 오시옵소서"라는 부르짖음을 중심으로 묵상해야 할까요?

2. 그리스도는 이미 2천 년 전에 베들레헴에서 태어났는데, 우리는 왜 오늘도 "주여 오시옵소서"라고 부르짖어야 할까요?

3. 우리가 "주여 오시옵소서"라고 부르짖는 것이 우리 개개인의 생활에 있어서 어떠한 의미가 있을까요?

4. 구약 구속사의 관점에서 이스라엘은 어떻게 "주여 오시옵소서"를 소망해야 할까요?

5. 우주 만물이 어떻게 하나가 되어 "주여 오시옵소서"라고 부르짖을 수 있을까요?

01 일

주님의 성탄을 위해 심령의 준비를 하는 묵상 가운데서 우리는 자신의 마음을 간단하지만 힘있는 선율에 맞추어야 합니다. 그것은 바로 "주여 오시옵소서"(Maranatha, 고전 16:22)라는 노래입니다.

주님 오시기를 기다리는 절기에는 두 가지 함의가 담겨져 있습니다. 예배학적으로 본다면, 강림절은 주님의 오심을 고대하는 기간입니다. 이는 기독교 절기로 정해져서 주 예수님께서 2천여 년 전에 강림하심을 기념합니다. 동시에 이 절기를 지킴으로 우리는 구약 시대의 이스라엘 사람들처럼 해마다 메시아의 강림을 기다리는 기간을 보냅니다.

"주여 오시옵소서"라는 기도문의 간절한 부르짖음은 우리가 지금 처해 있는 우리의 신분을 아로새깁니다. 주님은 역사적으로 이미 오셨고, 그가 이 세상에 오심으로 우리는 하나님을 알게 되었으며, 하나님의 자녀가 되게 하셨습니다. 그리하여 우리는 하나님의 자녀로서 주님이 말세에 재림하심을 소망하고, 하늘과 땅이 하나가 되어 이 땅의 하나님 자녀들을 그의 영원한 나라에 품어주심을 소망합니다.

아브라함과 같이 우리는 여전히 나그네입니다. 그리고 한 가닥 소망의 여정을 걷고 있습니다. 그러나 예수님은 이미 탄생하셨고 우리의 소망에 근거가 있게 하셨습니다. 예수님의 탄생을 간증함으로 우리는 이미 신약의 백성이 되었고, 그리스도의 재림을 소망함으로 우리는 여전히 구약의 백성입니다.

이는 그냥 간단한 한 마디의 기도가 아니라 사람의 마음속에서, 역사와 자연의 깊은 곳에서 우러나오는 소망의 부르짖음입니다. 먼저 이는 모든 사람의 심령 깊은 곳에서 주님께 부르짖는 외침입니다. 하나님께서 사람을 만드셨고, 그의 형상을 사람들의 심령 깊은 곳에 새겨 두셨기에 사람의 마음은 자연스럽게 삼위일체 하나님의 영광을 반영합니다. 하나님은 그의 숨을 사람의 생명에 불어넣어 주셨기에 사람의 마음은 오직 하나님과의 합치된 호흡 속에서만 가장 깊은 안식을 얻을 수 있습니다.

"주여 오시옵소서"라는 부르짖음은 하나님께서 하나님 자신의 자리로 오시라는 요청이며 우리의 마음을 하나님이 계실 장소로 드리는 것입니다. 예수님의 탄생은 하나님의 구원을 인류의 역사 속에 이루어 주십니다. 미래에 우리의 구원 역시 그의 재림에 있습니다. 그러나 이에 앞서 우리의 열심과 실천이 필요하고 마음을 다하여 부르짖고 준비하며 소망해야 합니다. "주여 오시옵소서"라는 부르짖음은 우리 마음의 문을 여는 종소리입니다.

다음으로, "주여 오시옵소서"는 이스라엘 역사의 깊은 곳에서 주님께 부르짖는 외침입니다. 인간의 시조가 죄를 범하여 에덴 동산에서 쫓겨난 이후, 사악한 죄를 이기고 다시 주님과 낙원에서 함께하는 것은 인류의 영원한 소망이 되었습니다. 여호와 하나님께서 사악함의 화신인 뱀에게 하신 심판에서 "여자의 후손은 네 머리를 상하게 할 것"이라고 예언하셨습니다. 그리고 하나님은 만민 중에 이스라엘 백성을 선택하시고 그들의 조상 아브라함, 이삭과 야곱과 언약을 맺으시면서 그 후손 중에서 "만민의 축복"을 일으키시겠다고 하셨습니다.

출애굽 과정에서 하나님은 구름 기둥, 불 기둥의 형식으로 이스라엘과 함께하셨고, 자신의 영광을 이스라엘의 회막 위에 머물게 하심으로 이스라엘 중에 계셨습니다. 그러나 약속의 땅에서의 삶 중에 이스라엘은 실패의 역사를 경험하였습니다. 내적으로는 자신들의 죄성에서 벗어나지 못하였고, 외적으로는 끊임없이 다른 강대국들의 침략을 당하였습니다. 한 세대, 또 한 세대를 이어 선지자들은 예언을 선포하며 이스라엘에 대한 메시아의 구속을 소망하였습니다. 선지자 이사야는 이렇게 예언하였습니다.

> "처녀가 잉태하여 아들을 낳을 것이요 그의 이름을 임마누엘이라 하리라"(사 7:14).

마지막 선지자인 말라기도 이렇게 예언합니다.

> "보라 내가 내 사자를 보내리니 그가 내 앞에서 길을 준비할 것이요 또 너희가 구하는 바 주가 갑자기 그의 성전에 임하시리니 곧 너희가 사모하는 바 언약의 사자가 임하실 것이라"(말 3:1).

누가복음서에 나오는 마리아와 사가랴의 찬송 역시 아브라함과 다윗의 가문에서 솟아 나오는 소망을 대표합니다. "주여 오시옵소서"라는 부르짖음은 모든 이스라엘의 외침으로 울려 퍼집니다.

마지막으로, 이는 모든 피조물의 세계가 주님을 향한 외침입니다. 하나님께서 태초에 이 세상을 창조하실 때 심히 좋게 만드셨습니다. 그러나 첫 인간이 하나님의 명령을 어기면서부터 하나님과 인간 사이의 관계는 파괴되었습니다. 인간과 세상은 모두 하나님의 피조물로서 그들 사이에는 내적인 연관이 존재합니다. 첫 인간의 범죄로 말미암아 인간은 에덴 동산에서 쫓겨났을 뿐만 아니라 연약하고 고통을 받는 생활을 시작하게 되었고, 동시에 모든 세계도 죄의 통치 아래에 처하였습니다. "땅은 너로 말미암아 저주를 받고"(창 3:17) 본래 사람들에게 채소와 과일을 제공해야 할 땅은 "가시덤불과 엉겅퀴"(창 3:18)를 내게 되었습니다.

노아 시대에는 "사람의 죄악이 세상에 가득함과 그의 마음으로 생각하는 모든 계획이 항상 악할 뿐"이었습니다(창 6:5). 하나님은 큰 홍수로 인류의 죄를 징계하셨는데 세상의 피조물들도 함께 그 징계에 연루되었습니다. 선지자 호세아의 말처럼 사람들이 하나님의 율법을 지키지 않고 이 땅에는 진실도 없고 인애도 없고 하나님을 아는 지식도 없고 오직 저주와 속임과 살인과 도둑질과 간음뿐이요 포악하여 피가 피를 뒤이었습니다.

또한 전체 생태계가 심각하게 파괴되어 이 땅이 슬퍼하며 거기 사는 자와 들짐승과 공중에 나는 새가 다 쇠잔할 것이요 바다의 고기도 없어졌습니다(호 4:1-3). 그리하여 상처투성이가 된 땅도 깊은 곳에서부터 구원을 갈망하며 하늘을 향해 외칩니다. "주여 오시옵소서!"

강림절 기간에 우리의 마음도 천지 만물과 함께 우주에서 울려 퍼지는 환호성을 듣고 함께 합니다. 마치 시편에서 찬양함과 같습니다.

"바다와 거기 충만한 것과 세계와 그중에 거주하는 자는 다 외칠지어다 여호와 앞에서 큰 물은 박수할지어다 산악이 함께 즐겁게 노래할지어다 그가 땅을 심판하러 임하실 것임이로다 그가 의로 세계를 판단하시며 공평으로 그의 백성을 심판하시리로다"(시 98:7-9).

"주여 오시옵소서"는 천지 만물이 자신들의 창조주를 향해 외치는 울부짖음입니다.

3주 동안의 강림절 기간에 주님의 탄생을 묵상하는 것은 주님의 첫 번째 강림을 기념하는 것이기도 하고 동시에 주님의 두 번째 강림을 소망하는 것이기도 합니다.

첫 번째 강림에서 주 예수님은 포대기에 싸여 구유에 누우셨지만, 두 번째 강림에서 주님은 영광의 옷을 입고 구름을 타고 오십니다. 주님의 첫 번째 강림은 수치를 당하시고 십자가의 형벌을 감내하러 오시는 것이지만, 두 번째 강림은 천사들의 호위를 받으며 영광 가운데 오실 것입니다. 첫 번째 오심과 두 번째 오심을 관통하며 변함없는 것은 바로 사도들의 환호입니다. "찬송하리로다, 주의 이름으로 오시는 왕이여!"(눅 19:38; 마 21:9; 요 12:13)

주님, 오시옵소서! 주님을 환영합니다!

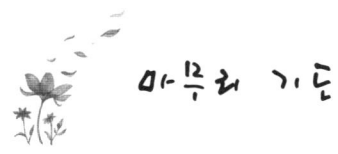

오시옵소서, 임마누엘 주님!
저희가 에덴동산에서 쫓겨나 세상에서 유랑하고 있습니다. 저희 가운데 오시기를 간구합니다. 당신의 백성들을 구속하셔서 새 하늘 새 땅의 낙원으로 들여보내 주시옵소서.

오시옵소서, 능력의 주님!
구름과 불기둥으로 시내산에 강림하여서 당신의 백성들에게 성결의 율법을 주셨습니다.
간구하오니 당신의 성령의 구름과 불로써 저희의 죄를 덮어주시고 나아갈 길을 밝혀주옵소서.

오시옵소서, 이새의 뿌리에서 움튼 새 가지이신 주님!
간구하오니 주님을 믿고 의지하는 모든 사람을 거룩한 조상의 오래된 뿌리에 심어주셔서 생명의 새 싹을 움트게 하옵소서.

오시옵소서, 다윗 가문의 열쇠가 되신 주님!
하늘 집의 문을 열어주시고 하늘 길을 평탄하게 닦아주셔서 저희가 영원한 복락 속에서 주님의 영광과 아름다움을 보게 하옵소서.

오시옵소서, 높은 하늘에서 오신 지혜이신 주님!
시간의 매 순간마다 주님의 눈앞에 드러나 있습니다. 간구하오니 저희에게 주님의 진리의 말씀을 펼쳐주시고 저희가 마땅히 행해야 할 바른 길을 인도하여 주옵소서.

오시옵소서, 평화의 왕이신 주님!
간구하오니 모든 정쟁과 다툼을 잠잠하게 해주시고 만백성의 마음이 주님으로 인하여 하나 되게 하시며 하늘의 평안이 이 세상에 가득 차게 하옵소서.

오시옵소서, 이른 새벽 높은 하늘에서 비추시는 햇살이신 주님! 간구하오니 어두운 밤의 검은 구름을 몰아내 주셔서 저희가 주님의 영광 가운데서 모든 빛을 보게 하옵소서. 간구하오니 주님의 거룩한 빛이 만물 가운데 스며들어서 만물이 갱신되고 자라나 주님을 향해 찬양을 올려드리는 오케스트라가 되게 하옵소서.

주님, 주님 오시옵기를 원합니다!
아멘!

2. 마리아는 무엇을 기뻐하는가?

묵상 본문

"내 영혼이 주를 찬양하며 내 마음이 하나님 내 구주를 기뻐하였음은"(눅 1:46-47)
"주 안에서 항상 기뻐하라"(빌 4:4)

묵상 질문

1. 마리아가 '마리아의 찬가'를 부를 때, 그녀는 어떤 특별한 상황에 있었습니까?

2. 마리아는 무엇을 기뻐하였습니까? 그녀는 어디에서 기뻐하였습니까? 그녀의 기쁨은 어디에서 왔습니까? 그 기쁨은 어떠한 차원입니까?

3. 왜 우리 마음이 '하나님을 내 구주'로 삼을 때 비로소 진정한 기쁨을 느끼게 됩니까?

누가복음에서 1장 46절부터 55절까지는 마리아가 부른 한 곡의 찬양 시입니다. 교회 전통에서 이 찬양시를 '마리아의 찬가'(Magnificat)라고 부릅니다. 이 찬양시는 누가복음서에 나오는 4편의 유명한 찬양시의 첫 편입니다. 그 밖의 세 편은 '사가랴의 축복송'(Benedictus of Zacharias, 눅 1:67-79), '영광송'(Gloria in Excelsis Deo, 눅 2:13-14)과 '시므온의 찬가'(Nunc Dimittis, 눅 2:28-32)입니다. 이 4편의 찬양시들은 함께 모여 누가가 주님의 성탄을 향해 부른 찬송 악장을 이루고 있습니다.

'마리아의 찬가'는 교회 역사에서 가장 중요한 찬송시 중의 하나로 꼽힙니다. 이 찬송시는 사무엘상 2장 1절부터 10절에 나오는 한나의 찬양 시와 직접적으로 짝을 이루고 있습니다. 구약 율법서, 선지서와 성경의 여러 본문과도 연관이 있는데 거의 모든 구절들이 전부 구약에 등장합니다. 이 찬양들은 최종적으로 한 부의 혼연일체를 이룬 찬양 서사시가 되어 매일의 영성 수련을 위한 아침 기도 혹은 저녁 기도에서 불러왔습니다. 동방 정교회, 천주교 그리고 기독교의 모든 종파에서 이 찬양시들을 매우 중요시하고 있습니다.

'마리아 찬가'는 "내 영혼이 주를 찬양하며 내 마음이 하나님 내 구주를 기뻐하였음은"으로 시작됩니다. 이 고백은 찬양 전체의 가장 요점이 되는 부분입니다. 우리는 이런 질문을 할 수 있습니다. 마리아는 무엇을 기뻐하는가? 마리아의 기쁨은 어디에 있는가?

우리가 이런 질문을 하게 되는 이유는, 여기서 말하는 마리아의 '기쁨'은 어떤 감성적인 대상이 그녀에게 가져다주는 감각적인 기쁨이 아니라, 일종의 고상한 정신적 기쁨이고 외적인 생활을 초월하여 내적인 심령에 행복과 안정을 갖다 주는 기쁨이기 때문입니다.

고대 이스라엘의 사회 구조에서 왕, 제사장과 선지자는 엘리트 계층이었습니다. 그리고 신약 시대에서는 유대 회당에서 사람들에게 성경을 강론하는 랍비들이 엘리트였습니다. 그러나 마리아는 이러한 엘리트 계층에 속한 사람도 아니고 단지 유대 사회에서 가장 평범한 한 여자였습니다. 그렇기 때문에 '마리아가 무엇을 기뻐했는가? 그 기쁨이 어디에서 왔는가?'라는 질문은 사실상 지금 우리에게도 하고 있는 물음입니다. 평범한 기독교 신자로서 어떠한 정신적 차원을 소유할 수 있는가 하는 질문인 것입니다.

중국 당대의 철학자 펑유란(馮友蘭)은 사람의 정신세계를 4개의 차원으로 구분하였습니다. 즉, 자연 경지(自然 境地), 공리 경지(功利 境地), 윤리 경지(倫理 境地), 천지 경지(天地 境地)입니다. 자연 경지의 사람은 한 '자연인'으로서 자기 생물적 본성의 지배를 받아 무지몽매(無知蒙昧)합니다. 그래서 자유롭고 독립된 사람으로서 마땅히 가져야 할 정신생활을 할 수 없습니다.

공리 경지의 사람은 한 '공리인', 즉 개인의 명성과 이익만을 추구하는 사람이 되어 자신의 성공에만 집중하고 이름을 떨치고 이득을 챙기는 것을 목표로 삼습니다. 윤리 경지의 사람은 한 '도덕인'으로서 잘잘못을 알고 선악의 기준으로 자신의 본능적 충동을 속박할 수 있으며 사회적으로 공인된 도덕 규범을 준수합니다. 천지 경지의 사람은 한 '천지인'으로서 그의 심령은 천지간의 본연과 서로 통하고 호응합니다. 천지의 이치와 하나가 되어 그 속에서 정신적인 평화와 기쁨을 누립니다.

마리아가 '마리아 찬가'에서 "내 영혼이 주를 찬양하며 내 마음이 하나님 내 구주를 기뻐"한다고 찬양함은 사실 다음과 같은 경지를 가리킵니다. 즉, 하나님의 백성으로서 정신적 의미에서 이미 천지 경지에 도달한 이후의 기쁨을 누린다는 것입니다. 이 사실은 우리들에게 설령 마리아와 같은 평범한 일반인이라 할지라도, 사회적으로 어떠한 위치에 있을지라도, 지식적으로 어떠한 수준의 교육을 받았다 할지라도 오직 심령으로 하나님과 깊은 관계를 맺고 있다면 천지 경지의 깊이와 높이에 도달할 수 있다는 것을 알려 줍니다.

마리아가 "주를 기뻐함"은 모든 그리스도인들이 가져야 할 천지 경지의 모습입니다. 누가복음에서 마리아가 이 찬양시를 노래할 때는 매우 특별한 상태였습니다. 먼저 그녀는 자신의 의지가 하나님의 계획에 순종하도록 하고, 자신의 인생을 하나님의 계획에 맡겨 드렸습니다. 맨 처음 천사가 그녀에게 성령으로 잉태하여 아들을 낳을 것이라고 알려주었을 때 마리아는 당황하고 불안했습니다. 그래서 "나는 남자를 알지 못하니 어찌 이 일이 있으리이까"(눅 1:34)라고 반문하기도 했습니다.

그러나 얼마 뒤에 그녀는 "말씀대로 내게 이루어지이다"(눅 1:38)라고 고백합니다. 마리아는 진심으로 하나님께서 그녀에게 주신 사명을 받아들였고, 자신의 자유 의지를 드려 하나님께서 창세 이전에 정하신 그 뜻을 성취하였습니다. 다음으로, 예수님은 이미 그녀 안에서 잉태되셨고 주님은 그녀와 함께 있었습니다(눅 1:42). 마지막으로, 마리아는 성령의 감동 안에서 자신과 마찬가지로 성령 충만한 엘리사벳과 함께 찬양을 부르면서 세상 사람들에게 자신의 기쁨을 고백하였습니다(눅 1:41). 자신의 마음을 하나님의 뜻에 순종함, 그리스도가 우리 안에 계심, 성령의 감동 안에 있음이라는 이 세 가지 요소가 곧 모든 그리스도인들의 활발한 생명 상태입니다. 그러므로 마리아가 "주를 기뻐함"은 모든 그리스도인들이 소유하고 체험하고 확장 시켜야 할 정신 경지입니다.

마리아의 '기쁨'은 결코 하나님을 기쁨의 대상으로 삼은 것이 아닙니다. 만약 그렇다면 그것은 그녀가 하나님을 단지 외적인 대상으로 삼은 것이고, 천지 경지의 기쁨을 일반적인 인식 혹은 미적 활동으로 강등시킨 것입니다. 그리스도를 '거룩하게 잉태'하여 우리 안에 품는다는 것은 '하나님과 하나 됨'이라는 그리스도인의 기쁨 경지를 가장 합당하게 비유한 것입니다.

우리는 믿음으로 성령님이 우리 마음에 부어주시는 그리스도의 은혜를 받아들여서 우리 모든 사람들의 새로운 생명마다 그리스도의 모양을 가집니다. 에베소서 말씀처럼 "믿음으로 말미암아 그리스도께서 너희 마음에 계시게" 됩니다(엡 3:17). 그리스도가 우리 마음 속에 그 형상을 이루실 때(갈 4:19), 우리 모든 사람들의 마음에 성탄의 신비가 완성됩니다. 그리스도의 중개로 우리는 또다시 하늘 아버지와 하나가 되었습니다. 이것이 곧 그리스도가 말씀하신 바입니다.

"내가 아버지 안에, 너희가 내 안에, 내가 너희 안에 있는 것을 너희가 알리라"(요 14:20).

마리아는 하나님 안에서 기쁨을 누렸는데 그녀의 이 '기쁨'은 어디에서 왔을까요? 그 정답은 바로 그녀의 찬양시에 담겨 있습니다. "내 영혼이 주를 찬양하며 내 마음이 하나님 내 구주를 기뻐합니다." 고대 이스라엘 시가의 평행구절 구조에 따르면 이 두 마디는 사실상 서로 대구를 이루고 있습니다. "내 마음"이 "내 영혼"과, "주를 찬양함"은 "하나님을 기뻐함"과 대응합니다. 그렇다면 "주를 찬양함"은 무슨 뜻일까요?

혹시 우리는 이렇게 생각할 수도 있습니다. '내 마음이 어찌 하나님의 크심을 기뻐할 수 있을까?' 주님은 우리의 경배가 필요하지 않으십니다. 하나님은 하나님이시기 때문입니다. 우리는 주님께 무엇을 더 보태드리거나 무엇을 덜어드릴 수 없습니다. 그러나 우리 마음은 그리스도의 형상을 따라 만들어졌기에 우리 모두가 다듬고 있는 자신의 마음은 서로 다른 정도로 그리스도의 형상을 반영하고 있습니다.

이 때문에 서로 다른 마음 안에서 그리스도의 형상은 크거나 혹은 작거나, 정결하고 밝거나 혹은 어둡고, 더러움에 덮여 있습니다. 이렇게 우리가 생각과 의지, 행동과 언어로 우리 안에 계신 주님을 기뻐하고 경배할 때, 사실은 주님의 형상이 우리 마음에서 더욱 커지고, 우리의 마음도 하나님의 형상을 함께 나눔으로 더욱 넓어지고 정결케 됩니다.

우리가 만약 계속하여 죄를 범하면, 우리의 마음은 점차 작아지고 더러워져서 주님의 형상도 우리 마음속에서 점점 흐릿해집니다. 더 나아가 만약 우리의 마음에서 다른 우상을 만들어내고 그것을 숭배한다면, 우리는 곧 마귀의 모양을 취하고 더 이상 그리스도의 형상을 반영하지 못합니다. 이로부터 알 수 있듯이, "주님을 기뻐함"

은 결코 주님의 영광에 무엇인가를 더해드리는 것이 아니라 끊임없이 우리의 마음을 회복하고 정결케 하여 우리 영혼의 방향을 조정하여 우주 근본이 되는 생명의 말씀 속에 융합하는 것입니다.

우리의 마음이 "주님을 기뻐함"인지 아니면 다른 피조물을 생명의 우상으로 삼는 것인지는 결국 우리 생명이 인식의 폭이 넓은지 아니면 좁은지의 문제입니다. 일반인들은 부귀영화를 생명의 추구로 삼습니다. 그러나 하나님을 기뻐하려고 작정한 그리스도인들에게는 부귀영화보다 더 사랑스럽게 여기고 더 추구하고자 하는 것이 있습니다. 하나님의 이름을 '거룩하다'라고 하는 이유는 하나님의 능력이 모든 피조물을 초월하고 하나님이야말로 사람의 마음으로 사랑하고 추구해야 할 '크심'(大)입니다. 그의 위대하심에 비해 인생의 외적 만남, 부귀영화, 무병장수와 건강 그리고 질병 등은 모두 '작음'(小)에 지나지 않습니다.

마리아는 그 '크심'을 볼 수 있었기에 당연히 그 '작음'도 잊어버릴 수 있었습니다. 무한하게 크신 하나님에 대한 경배 속에서 마리아는 자신의 마음을 확장했고 일종의 평안, 충만과 기쁨을 실현하였습니다. 이런 의미에서 한 명의 평범한 여자인 마리아는 분명히 중국인들이 추구하는 군자(君子)의 정신생활에 대한 이상을 실현하였습니다.

"하늘과 땅 사이에는 매우 귀중하고 풍요로워 사랑하고 추구해야 할 만한 것이 있지만, 그것과 달리 큰 것을 보고 작은 것은 잊는 것이 더욱 중요하다. 큰 것을 보면 마음이 편안해지고, 마음이 편안해지면 부족함이 없다. 부족함이 없으면 부귀와 비천은

똑같이 된다"(周敦頤, 《通書》).[1]

다시 말하면, 마음이 그 '크심'과 하나가 될 수 있으면 곧 만족을 알게 되며, 만족을 아는 사람에게는 빈부귀천이 모두 똑같은 것이 됩니다. 비록 누추한 거리에 살고 있고 변변치 않은 음식으로 끼니를 이어간다고 해도 마리아의 마음속에 하나님과 함께하는 큰 기쁨은 변치 않았습니다.

마리아가 부른 '찬가'가 교회 전통 속에서 끊임없이 이어져 내려온 이유는 이 찬양이 어느 평범한 그리스도인마다 가질 수 있고 마땅히 추구해야 할, 모든 상황을 초월하는 신앙의 경지를 가리키고 있기 때문입니다. 마음속에 주님을 가장 크심으로 존귀하게 여기는 사람은 외부적인 어떠한 상황도 그 마음속에 소유하고 있는 인생의 가장 고귀한 기쁨에 영향을 끼치거나 그 만족을 변화시킬 수 없습니다. 이 기쁨은 마리아의 천지 경지가 그에게 가져다 준 것입니다. 이 기쁨은 그 어떤 외적인 감성 사물에 의지하지 않고 오직 그의 마음 깊은 곳에서 이루어진 영적 세계에서 나오는 것입니다. 그 경지에서 그는 우주의 주인 되신 분과 친밀히 사귀고 있습니다.

---

[1] "天地間有至貴至富可愛可求而異乎彼者, 見其大而忘其小焉爾. 見其大則心泰, 心泰則無不足. 無不足, 則富貴貧賤, 處之一也."(周敦頤, 《通書》)

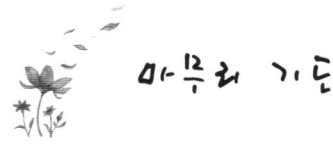

마무리 기도

그리스도 주님,

당신은 하늘에서 우리에게 내려오신 기쁨입니다. 우리가 믿음 안에서 당신과 하나 되기 원하오니 도와주옵소서. 우리의 마음이 항상 당신으로 말미암아 기쁨이 넘치게 하옵소서.

우리가 삶 속에서 성령의 권능을 의지하도록 도와주시옵고, 항상 희망으로 가득차게 하옵시며, 당신 안에서의 기쁨이 영원히 소멸되지 않도록 도와주옵소서.

당신은 그 깊고 넓은 자비와 사랑으로 우리를 지금 이 모습 이대로 받아주셨는데, 우리도 주님을 배워 서로를 포용하게 하옵시고 주님의 사랑 안에서 주님의 자녀들로서 기쁨을 서로 나누게 하옵소서.

당신이 선택하신 모든 그리스도인들을 성화시켜 주사, 주님을 앙망하는 자들을 모두 품어주시고 구원해 주옵소서. 그리하여 우리 모두가 주님 안에서 영원한 복락을 누리게 하옵소서.

아멘!

3. 아브라함의 자손

묵상 본문

"아브라함과 다윗의 자손 예수 그리스도의 계보라"(마 1:1).
"여호와께서 아브람에게 이르시되 너는 너의 고향과 친척과 아버지의 집을 떠나 내가 네게 보여 줄 땅으로 가라 내가 너로 큰 민족을 이루고 네게 복을 주어 네 이름을 창대하게 하리니 너는 복이 될지라…땅의 모든 족속이 너로 말미암아 복을 얻을 것이라"(창 12:1-3).

묵상 질문

1. 하나님께서 아브라함을 부르셔서 "모든 족속이 너로 말미암아 복을 얻을 것이라"고 하신 약속을 예수님의 성육신을 통해 어떻게 이루어 주셨습니까?

2. 마태복음은 예수님까지 이르는 계보를 아브라함으로부터 시작하는데, 여기에는 어떤 특별한 영적 의미가 있습니까?

03 일

마태복음의 시작은 신약성경 전체의 시작입니다. 그 처음은 긴 단락으로 예수님의 족보를 소개합니다. 무엇 때문에 이런 방식으로 시작할까요? 족보는 한 사람의 출신이 어떠한지를 이야기하는 것입니다. 한 사람의 내력을 알게 되면 우리는 그의 사명을 알게 되며 그가 장차 할 일들을 알게 됩니다.

마태복음에서 예수님의 족보는 지나간 과거를 이야기하는 듯 보이지만 사실은 예수님의 장차 사명을 이야기하는 것입니다. 이는 창세기에서의 계보 서사와 깊이 호응하는 것이며, 이로써 신약에서 예수님의 탄생과 구약에서 하나님이 우주와 인류와 이스라엘의 구주시라는 주제와도 연결해 줍니다.

구약 전통에서 족보 서술은 매우 특별한 문장체입니다. 표면적으로 족보는 간단하게 "누가 누구를 낳았다"라고 서술합니다. 그러나 족보의 서술을 통하여 한 사람의 출신을 매우 멀고 먼 과거에까지 거슬러 올라가 연결시킬 수 있습니다. 그뿐만 아니라 심지어 제일 처음의 사람, 세상 최초의 탄생까지도 포함시킬 수 있습니다.

족보의 서술을 통하여 후대의 족속들, 가족들 사이의 관계를 구분할 수 있으며 그들 간의 친소(親疏) 관계, 원근(遠近) 관계, 경중(輕重) 관계 그리고 정통(正統)과 방계(傍系)를 드러내 줍니다. 그 어느 역사나 유구한 문명도 족보의 서술을 중요시하지 않는 경우가 없습니다. 족보에서의 위치는 한 인물이 그 당시 사회에서 점한 위치를 반영할 뿐만 아니라 그가 감당해야 할 역사적 사명에 대한 이해도 나타냅니다.

구약에서 가장 중요한 '오경'(五經)에서 족보는 하나님의 구원 프로젝트가 전개되는 기본 배경입니다. 창세기에는 매우 유명한 '족보 구조'가 있습니다. 즉 한 단락의 역사를 이야기하고 나서 곧 한 단락의 족보가 나오는 구조입니다. 히브리어로 보면 '족보'라는 단어 '톨레돗'(toledot)이 연출하는 중요한 역할이 매우 분명해집니다.

물론 우리말로 번역할 때는 부득이 여러 가지 단어로 표현됩니다. 예를 들면, 창세기 1장에서 우주의 창조를 기술한 후 2장 4절에서 "이것이 천지가 창조될 때에 하늘과 땅의 내력(toledot)이니"라고 말씀합니다. 3장에서 아담과 하와가 선악과를 따 먹은 후 벌을 받은 이야기를 한 후 4장 1절에서 "하와가 임신하여 가인을 낳고(toledot)"라고 말씀합니다. 그러고 나서는 가인이 아벨을 죽인 이야기가 나오고, 이어서 4장 17절에서 다시 한 번 "낳은(toledot)" 이야기가 나오는데 이것은 가인으로부터 시작되는 족보 이야기입니다. 그 후 라멕의 이야기가 나오고, 5장 3절에 이르러서는 아담이 셋을 "낳은(toledot)" 이야기가 다시 시작되는데 5장의 내용은 셋으로부터 시작되는 아담의 족보 이야기입니다.

그리고 노아와 대홍수에 관한 이야기가 나오고, 10장 1절에서는 노아로 시작되는 족보(toledot) 이야기가 나옵니다. 그 후에는 바벨탑 이야기가 이어지는데, 사람들이 하늘까지 치솟는 탑을 건축하여 인간 자신들의 이름을 널리 알리려 하지만 결국에는 하나님께서 인간들의 언어를 혼잡하게 나누셔서 천하가 여러 족속으로 흩어지는 국면을 맞이하게 됩니다.

그리고 11장 10절부터는 노아의 아들 셈의 족보(toledot)가 나오고 26절에 아브라함의 출생이 나옵니다. 그 후 아브라함의 족보가 이어지며 25장 19절부터는 이삭 이후의 후대들이 나오고, 37장 2절부터는 야곱으로부터 시작되는 후대들이 나옵니다. 이렇게 해서 출애굽기에서 아론의 후대에까지 이어집니다.

이처럼 창세기는 모든 구절이 '족보' 이야기로 관통됩니다. 이것은 단순한 문학적 기법이 아니라 매우 중대한 영성과 신학에 대한 깊은 의미를 품고 있는 것입니다. 우선, 이는 인류와 우주의 역사가 모두 하나님의 경영하심 아래에 있다는 것을 의미합니다. 하나님의 뜻은 인류의 한 세대, 한 세대에 이어지는 역사 가운데 펼쳐집니다. 인류의 역사 중에서 일부 특정한 가문 혹은 공동체가 특별한 의미를 갖고 있는 것은 그들이 하나님께서 세상을 구원하시고자 하시는 뜻을 담고 있는 역사적 존재들이기 때문입니다. 그들의 족보는 하나님께서 역사 가운데 뚜렷하게 그어놓으신 '형광색 라인'입니다.

그리고 이처럼 끊임없이 연속되면서 압축되는 족보의 서술은 마치 초점을 맞추는 렌즈와 같이 사람들에게 말해 주고 있습니다. 즉 하나님의 구원이 끊어지지 않고 구체적인 인물들에게 어떻게 임하시는지를 말해 주고 있습니다.

마지막으로, '족보'라는 역사적 초점 렌즈 서술은 한 종족 혹은 한 개인을 주목하면서 그들의 사명은 단지 자신이나 좀 더 큰 종족 공동체만을 위한 것이 아니라, 하나님께서는 모든 인간과 모든 피조 세계를 위한 구원에 관심이 있으시다는 의미를 우리가 깨닫도록 합니다.

마태복음의 저자는 구약의 문장 기법에 조예가 깊어서 복음서의 저술 방식을 통하여 예수님이 이 세상에 오신 의미와 사명을 풀어 이야기하였고, 저자는 자연스럽게 '족보'라고 하는 이 장르를 선택하였습니다. 예수의 족보는 아브라함으로부터 시작합니다. 이는 사실상 창세기의 아브라함으로 이어지는 것으로써 셈, 노아로 거슬러 올라가 아담에 이르고, 창세 이야기의 '천지 창조'에 닿는 것입니다.

이러한 족보를 통해 예수님의 사명은 아브라함 이후에 지속되는 하나님의 인류와 창조물에 대한 구속을 이어간다는 것을 말해주고 있습니다. 하나님께서 아브라함에게 약속한 구원은 예수님의 몸에서 실현된 것입니다. 예수님의 탄생은 아브라함으로부터 나온 모든 이스라엘뿐만 아니라, 아담으로 거슬러 올라가서 모든 인류 내지는 하나님의 모든 창조물이 예수님을 통해 하나님과 다시 화목하게 됨을 의미합니다.

마태복음의 예수 계보는 아브라함으로부터 시작됩니다. 이는 예수와 아브라함 간에 형성된 일종의 호응 관계를 위한 것이고 이는 우리를 각성시켜 줍니다. 따라서 예수님의 사명을 분명히 알려면 반드시 하나님께서 아브라함을 부르실 때 하셨던 최초의 약속으로 돌아가야 합니다.

"땅의 모든 족속이 너로 말미암아 복을 얻을 것이라"(창 12:3).

아브라함이 만민 중에서 하나님의 부르심을 받아 약속의 땅으로 나아갈 때, 그의 사명에는 세 가지 중요한 내용이 담겨 있습니다. 큰 나라가 되고, 후손이 번창하며, 만민의 복이 되라는 것입니다. 이것이 의미하는 바는, 아브라함의 후손 가운데서 한 분의 특별한 인물이 태어날 것이며, 그 인물은 바벨탑 반란으로 말미암아 여러 민족으로 흩어져 사는 국면을 끝내 줄 것이라는 것입니다. 모든 민족은 아브라함의 후손인 이 인물 안에서 다시 하나로 합쳐질 것이고 하나님 앞에 모이게 되는 것입니다.

구약 시대의 말기까지 이스라엘의 역사는 하나님께서 아브라함에게 하셨던 약속을 실현하지 못했습니다. 이스라엘은 새로운 지중해 패권자인 로마의 식민지로 전락하였고 지중해 동쪽에서 인구가 가장 적은 민족 중의 하나로 약화되었습니다. "모든 족속이 너로 말미암아 복을 얻을 것이라"는 이 말은 현실성이 없는 것 같았습니다. 그러나 하나님의 약속은 여기에서 멈춘 것이 아닙니다. 그분은 창조주의 큰 권능으로 예수의 탄생을 이루셨습니다. 많은 사람들이 이미 이스라엘의 구원자 사명에 절망할 그때에 신묘한 방법으로 아브라함을 부르셨던 약속을 이루어내십니다.

예수는 이스라엘의 혈통에서 태어났습니다. 아브라함, 다윗, 스룹바벨로부터 요셉과 마리아에 이르기까지 이는 하나님께서 허락하신 인간 세상에서의 족보입니다. 그러나 예수 탄생의 구속 목적은 단지 이스라엘 사람만 위한 것이 아니라 모든 사람을 위한 것입니다. 모든 사람은 본래 "하나님의 형상대로" 창조되었습니다. 그러나 아담의 범죄로 불의와 사망에 빠지게 되었고, 그 후에는 끊임없는 타락으로 하나님과 멀리하게 되었습니다.

결국 바벨탑 사건 이후부터는 온 땅에 흩어져 나라와 나라, 민족과 민족이 싸우고 사람과 사람이 서로 원수로 되었습니다. 하나님이 아브라함을 선택하여 그와 그 후손들이 "모든 민족의 복"이 되게 하신 것은 인간이 최초에 창조될 때 하나님께서 주신 '축복'을 회복시키려는 것이기도 합니다(창 1:28).

하나님께서 아브라함에게 하신 이 약속은 기나긴 구약 시대를 뛰어넘어 예수의 탄생에 이르러서 드디어 실현되었습니다. 이 '복'은 만국 백성들을 모두 다 하나님과 약속을 맺은 '이스라엘'로 만들고, 예수 그리스도라는 '첫 형상'을 통하여 '하나님의 형상대로' 회복시켜 주시는 것입니다. 모든 민족은 그리스도 안에서 '하나로 연합됨'을 이루어 언어, 피부색, 문화의 차이를 따지지 않고 모두 천국에 속한 백성이 됩니다. 이들은 '교회'를 이루어 이 땅에서 천국의 '새싹과 시작'이 되며 아브라함에게 약속한 '큰 민족'이 됩니다(창 12:2).

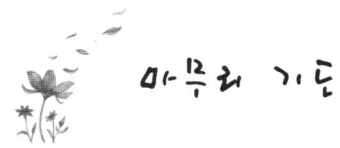

하늘에 계신 주님,
이 세상에 오셔서 당신의 나라가 임하게 하옵소서.

아브라함을 부르셨던 부르심을 통해 당신의 백성들을 모으시고, 이 땅에 있는 당신의 자녀들을 기억하사 아브라함에게 하셨던 약속을 이루어 주옵소서.

우리가 이 땅에 나그네로 살고 있지만 예비해 주신 하늘 도성을 소망하게 하옵소서.

하늘에 계신 주님,
우리가 그리스도 안에서 당신이 우리 조상들에게 약속하셨던 위대한 민족을 이루게 하옵소서. 한 몸이 되고, 한 마음이 되고, 한 민족이 되게 하옵소서. 당신의 교회를 보호해 주시기를 원합니다. 교회가 새로운 이스라엘입니다. 아멘!

4. 담대하게 거룩함과 공의로 섬기다

묵상 본문

"우리가 원수의 손에서 건지심을 받고 종신토록 주의 앞에서 성결과 의로 두려움이 없이 섬기게 하리라 하셨도다"(눅 1:74-75).

"사랑 안에 두려움이 없고 온전한 사랑이 두려움을 내쫓나니 두려움에는 형벌이 있음이라 두려워하는 자는 사랑 안에서 온전히 이루지 못하였느니라"(요일 4:18).

"이로 보건대 율법은 거룩하고 계명도 거룩하고 의로우며 선하도다"(롬 7:12).

묵상 질문

1. 하나님은 우리를 죄의 속박에서 해방시켜 주셨습니다. 그리고 우리가 어떠한 생명의 지평을 가지고 있기를 요구하십니까? 우리는 이 세상에서 마땅히 어떤 삶을 살아야 합니까?

2. 우리는 하나님 앞에서 어떠한 신분입니까? 우리는 어떻게 "종신토록 주 앞에서 두려움 없이" 살 수 있습니까?

3. 무엇이 '성결과 의'의 삶입니까? 성경에서 성결과 의는 구체적으로 어떠한 생활방식을 가리키고 있습니까?

04일

묵상 본문의 누가복음 1장 74절부터 75절 말씀은 '사가랴의 찬가'의 한 구절입니다. 사가랴는 세례 요한의 아버지이고 예루살렘 성전의 제사장으로서 이스라엘의 정신적 전통에 매우 익숙한 사람입니다. 성령이 충만한 가운데 사가랴는 이 찬송가를 부르면서 장차 태어날 요한과 예수가 이스라엘과 온 인류의 구원 역사에서 갖게 될 위치를 예언합니다.

이 찬송은 비록 짧지만 함축적이어서 포함하고 있는 의미는 매우 심오합니다. 사가랴는 많은 구약 고전을 인용하는데 만약 우리가 구약 성경에 대한 깊은 이해가 없다면 '사가랴의 찬가'의 영적인 의미를 깨닫기 어려울 것입니다.

간단히 말하자면, "우리가 원수의 손에서 건지심을 받고 종신토록 주의 앞에서 성결과 의로 두려움이 없이 섬기게 하리라 하셨도다"라는 말씀은 출애굽기로부터 레위기에 이르는 '출애굽'과 '시내산'이라고 하는 두 개의 전통에서 인용한 것입니다. 이는 이스라엘의 해방과 언약의 영성이라는 깊은 뜻을 통하여 예수 그리스도가 사람들에게 가져다주는 생명의 지평과 생활 상태를 비유합니다.

그러므로 '사가랴의 찬송'의 영적 의미는 반드시 출애굽기 두 곳의 성경 구절과 비교하면서 이해해야 합니다. 한 구절은 출애굽기 3장 12절입니다. 여호와 하나님이 모세에게 나타나셔서 그를 불러 위대한 사명을 감당하게 합니다. 즉 "네(모세)가 그 백성을 애굽에서 인도하여 낸 후에 너희가 이 산에서 하나님을 섬기"라는 것입니다. 다른 한 구절은 출애굽기 19장 4절부터 6절입니다.

"내가 어떻게 독수리 날개로 너희를 업어 내게로 인도하였음을 너희가 보았느니라 세계가 다 내게 속하였나니 너희가 내 말을 잘 듣고 내 언약을 지키면 너희는 모든 민족 중에서 내 소유가 되겠고 너희가 내게 대하여 제사장 나라가 되며 거룩한 백성이 되리라."

하나님의 말씀을 잘 듣고 하나님과의 언약을 지키며 하나님의 율법을 준행하는 것이 곧 '성결과 의'의 삶입니다. 사도 바울이 말한 바와 같습니다.

"율법은 거룩하고 계명도 거룩하고 의로우며 선하도다"(롬 7:12).

사가랴 찬송가의 묵상 본문과 이 두 곳의 출애굽기 말씀에는 두 개의 공통 키워드가 있습니다. 즉, "인도하여 내다"라는 것과 "섬기라"라는 것입니다. 따라서 신약에서의 사가랴 찬송가는 구약 모세오경의 두 가지 주제와 서로 공명하고 있습니다. 출애굽으로 해방됨과 시내산에서의 언약, 곧 구원과 섬김, 자유를 얻음과 율법을 지키는 것입니다.

사가랴 찬송가가 인용한 것은 구약 성경의 가장 중요한 두 가지 전통입니다. 그리고 이로써 인생의 기본적인 두 가지 문제에 대답합니다. 첫째 문제는 '그리스도의 성육신으로 말미암아 구원을 받은 그리스도인은 마땅히 어떠한 생명 경지를 가져야 할까?'입니다. 둘째 문제는 출애굽이 이스라엘에게 자유를 주었는데 '자유를 얻은 사람은 어떻게 살아야 할까?' '그리스도의 보혈로 구원받은 그리스도인은 이 세상에서 어떻게 살아야 할까? 무엇을 삶의 지침으로 삼아야 할까?'라는 문제입니다. 하나님께서 구원해 주심은 그로 하여금 자유 속에서 하나님을 섬기게 하기 위함이고, 동시에 하나님을 섬김 속에서 자유를 누리게 하기 위함입니다.

사가랴가 이 찬송을 부르는 시기는 바로 하나님의 구속사에서는 전환점입니다. 그때 요한은 태어난 지 얼마되지 않았고 예수는 곧 태어날 시점입니다. 하나님의 로고스가 인간의 모양으로 되어 사람들 가운데서 생활합니다. 그러므로 사가랴 찬송은 모세오경의 출애굽과 시내산 전통을 인용하는 동시에 특히 예수의 구원이 사람들이 하나님을 만나는 방식에 커다란 변화를 가져다 줄 것을 강조합니다. 그것이 곧 찬송 중에 부르는 "종신토록 주의 앞에서 두려움이 없이 섬기게 하리라"는 구절입니다.

출애굽기에서 이스라엘이 홍해를 건너 대적들로부터 철저히 벗어난 후에 시내산에서 하나님 앞에 나왔습니다. 하나님과 함께하는 경험은 특별한 친밀한 교제였으며 그들은 "하나님을 뵙고 먹고 마셨"습니다(출 24:11). 그러나 더 많은 경우에는 하나님께서 우레, 번개, 빽빽한 구름 가운데서 백성들과 만났고, 백성들은 하나님 앞에서 두려움에 떨었습니다(출 19:16, 20:18).

구약 시대에 '하나님의 드러내심'(Shekinah)은 하나님의 이스라엘에 대한 은혜이기도 하고 동시에 '스스로 감추어진'(自隱) 방식으로 하나님과 사람 사이의 간격을 표현하는 것이기도 합니다. 그러나 신약 시대에서 무한히 자비로우신 하나님은 인류의 구원을 위하여 놀

랍게도 인간들의 이해를 초월하는 오묘한 방식으로 성육신하셔서 한량없는 친밀함으로 인간 세상에 임하셨습니다. 예수의 잉태와 탄생은 사람들에게 철저한 구속을 가져다 주었고 동시에 사람들이 겪어 왔던 하나님의 임재에 대한 두려움을 완전히 바꾸어주셨습니다. 예수를 구주로 영접하는 사람은 자유, 평안, 몰아(沒我)의 생명 경지로 하나님 앞에 나아가게 되었습니다. 이제 사람들이 "종신토록 주의 앞에서 두려움이 없이" 나아갈 수 있는 이유는 하나님 앞에서 다음과 같은 세 가지 신분을 얻었기 때문입니다.

첫째 신분은 '하나님의 자녀'입니다. 성자가 성육신하시고 십자가에 죽으심은 사람들로 하여금 하나님 아들의 신분을 누리게 하기 위해서입니다. 이 신분은 우리로 하여금 전능하신 하나님을 향하여 기도할 때 제일 먼저 "하늘에 계신 우리 아버지"라고 부를 수 있게 합니다. 우리는 더 이상 하나님의 종이 아니기에 하나님 앞에서 다시는 두려워하지 않습니다. 성삼위 하나님의 제3위 성령은 직접 이를 우리에게 보증합니다. 우리가 받은 것은 자녀의 마음이요, 우리로 하여금 예수의 이름을 믿음으로 말미암아 담대하고 두려움 없이 하나님 앞에 나아가 "아바 아버지"라 부를 수 있게 합니다(엡 3:12; 롬 8:15).

좀 더 깊게 말한다면, 예수의 성육신으로 우리가 자녀의 신분을 얻은 것은 단지 신분의 조정이 아니라 오히려 실질적인 변화입니다. 예수 그리스도 안에서 우리는 '하나님의 신성한 성품에 참여하는 자'가 되었습니다(벧후 1:4). 초대 교부 이레네우스(Irenaeus)는 이렇게 말하였습니다.

"이것이 바로 말씀이 육신이 되어 하나님의 아들이 인자가 된 이유이다. 즉 사람으로 하여금 로고스와 하나가 되어 하나님의 아들의 명분을 받아 하나님의 자녀가 되게 하려 함이다."[2]

성령은 우리를 감화 감동시키고 그리스도를 우리에게 나누어 주어 우리가 하나님의 자녀라는 명분을 얻게 하심은 하나의 비유가 아니라 실제입니다.

"하나님의 독생자가 우리의 인성(人性)을 취하심은 우리로 하나님의 신성(神性)을 누리게 함이다. 사람의 하나님이 되심은 사람도 하나님을 닮게 하심이다."[3]

둘째 신분은 '하나님의 연인'(lover of God, 딤후 3:4)입니다. 그리스도인이라 하면 흔히 '하나님을 믿는 사람'(believer of God)이라고 이해합니다. 그러나 더욱 깊은 차원에서 말하면 '믿음'은 사랑의 관계이기에 그리스도인은 더욱 마땅히 '하나님의 연인'이어야 합니다. 사랑은 일종의 행위만이 아니고 어떤 상태가 아니라 지속적인 실존입니다. 하나님과 사람 사이의 교통에서 '사랑'은 하나님과 사람이 서로 주어와 목적어가 되는 동사적 관계입니다. 하나님은 사람을 사랑하고, 사람도 하나님을 사랑하는 관계입니다.

그러므로 여기서 우리가 '하나님의 연인'이라는 단어를 사용하는

---

2) The Writings of Irenaeus, vol. I, in *Ante-Nicene Christian Library*, ed. Alexander Roberts & James Donaldson, vol.V, Edinburgh: T & T Clark, 1878, pp. 351-352.
3) St. Athanasius, *The Incarnation, trans.* Archbald Robertson, London: D. Nutt, 1891, p.93.

것은 그냥 담담히 말하는 '하나님을 사랑하는 사람'을 가리키는 것이 아닙니다. 요한일서는 그리스도인이 하나님의 연인으로서 하나님과 하나 되어 서로 사귀고 누리는 아름답고 오묘한 경지를 다음과 같이 잘 묘사하였습니다.

> "하나님은 사랑이시라 사랑 안에 거하는 자는 하나님 안에 거하고 하나님도 그의 안에 거하시느니라 이로써 사랑이 우리에게 온전히 이루어진 것은 우리로 심판 날에 담대함을 가지게 하려 함이니 주께서 그러하심과 같이 우리도 이 세상에서 그러하니라 사랑 안에 두려움이 없고 온전한 사랑이 두려움을 내쫓나니 두려움에는 형벌이 있음이라 두려워하는 자는 사랑 안에서 온전히 이루지 못하였느니라"(요일 4:16-18).

하나님과의 사랑의 관계는 그리스도인들에게 선과 악을 초월하는 생명 지평을 펼쳐줍니다. 사랑은 그런 힘이 있기 때문입니다. 사랑의 법칙은 사랑 그 자체입니다. 사랑은 무엇이 이루어져야 하고 반드시 이루어져야 하며 이루어질 것인가에 관심을 두지 않습니다. 사랑은 사고(思考)하지 않고 여건을 고려하지 않으며 이해관계가 아니기에 흥정의 대상이 될 수 없습니다. 사랑을 사랑 그 자체가 앞으로 밀고 나가는 것이고 이 세상의 잘잘못을 초월합니다. 사랑이 그 욕구에 불을 붙이면 불가능하다고 하던 일을 향하여 추진하게 됩니다.

하나님을 만나고자 갈망하는 사랑은 곧 생명의 제1원리입니다. '하나님의 연인'의 모범은 바로 눈물로 예수님의 발을 씻겨 드렸던 그 "죄를 지은 한 여자"입니다(눅 7:36-50). 예수에 대한 사랑은 죄인이 하나님 앞에서 갖는 두려움을 홍수와 같이 덮어 버렸습니다. 사랑은 그녀로 하여금 자기도 모르게 예수님께 다가가 안기게 하였고, 용감하고 담대하게 바리새인들의 모임에 들어가게 하였습니다. 또한 사랑은 그녀로 하여금 아무 말 없이 예수와의 친밀한 만남에 빠져들게 하였습니다.

셋째 신분은 '하나님의 벗'입니다. 성경에서 이는 특정한 이름으로서 오직 아브라함만이 "하나님의 벗"이라고 불려졌습니다(사 41:8).

> "아브라함이 하나님을 믿으니 이것을 의로 여기셨다는 말씀이 이루어졌고 그는 하나님의 벗이라 칭함을 받았나니"(약 2:23).

아브라함이 믿음으로 말미암아 하나님의 벗이라 칭함을 받았다는 말씀은 모든 그리스도 예수 안에 있는 사람들도 하나님과 믿음의 관계를 세우면 누구나 하나님의 벗이라 칭함을 받을 수 있다는 것입니다. 그러면 '벗'이 무엇입니까? 인간관계에서 "벗은 다름이 아니라 곧 나의 절반으로써 제2의 나이다. 그러므로 벗을 자신처럼 여겨야 한다. 벗과 나는 비록 몸은 둘이지만 이 두 몸 안에는 하나의 마음이 있을 뿐이다."[4]라고 했습니다. 간단히 말하면, 벗이란 곧 '하나의 마음'을 가진 '제2의 나'입니다. 그리스도인을 '하나님의 벗'이라고 칭한다는 것은, 자신의 마음을 성령 안에 보존하고 하나님과 심령의 교통을 이루며 마음 깊은 곳에서 서로 알고 있다는 것입니다.

---

4) "吾友非他, 卽我之半, 乃第二我也, 故當視友如己焉, 友之與我, 雖有二身, 二身之內, 其心一而已." 利瑪竇(Matteo Ricci), "交友論", 《利瑪竇中文著譯集》, (上海: 復旦大學出版社, 2001), pp.107-108.

모든 사람의 마음 안에는 전부 하나님의 형상이 들어 있습니다. 원죄 이후로 하나님의 형상이 비록 흐릿해졌다고 할지라도 소멸된 것은 아닙니다. 예수 그리스도는 본래 하나님의 '첫 형상'으로서 우리의 마음을 포함한 만물은 모두 그로 말미암아 창조되었습니다. 그가 성육신하셔서 인간의 모양을 입으신 것은 사람 안에 있는 하나님의 형상을 회복시키기 위함입니다. 사람이 그리스도인이 된 후 그리스도의 형상은 곧 그의 안에 들어갑니다. 우리의 정직하고 성결한 행위는 곧 우리 안에 있는 그리스도의 형상을 반영하는 것입니다. 그리스도의 형상이 높이 들림을 받을 때 우리 마음속의 형상도 그의 영광과 위대함을 함께 나누게 됩니다. '하나의 마음'인 벗의 관계는 바로 우리와 그리스도 사이의 이러한 관계의 모습입니다.

"종신토록 주의 앞에서 두려움이 없으리라"는 말씀은 그리스도인이 생명의 지평에서 하나님과 사귀고 하나님과 함께 누리는 모습을 나타내고 있습니다. 사가랴의 찬송 두 번째 구절은 하나님과 사람이 함께하는 방식이 사람의 삶에서 펼쳐지는 경계를 드러냅니다. 그것은 곧 "성결과 의로 섬기게 하리라"는 것입니다.

여기에서 말하는 '성결'과 '의'는 무엇을 가리킬까요? 성경에는 어떤 근거들이 있어서 우리로 하여금 그 가리키는 바를 구체적으로 알게 할까요? 앞에서 말씀드렸던 것처럼 사가랴의 찬송은 이스라엘의 역사와 심령 깊은 곳에서 우러나오는 찬송가입니다. 그러므로 그 구체적인 깊은 뜻을 이해하려면 반드시 구약의 계시 중에서 해답을 찾아야 합니다.

로마서 7장 12절은 이렇게 말씀하고 있습니다.

"율법은 거룩하고 계명도 거룩하고 의로우며 선하도다."

따라서 간단히 말하면, "성결과 의로 섬기다"는 사실상 "율법을 지킴으로 섬기다"라는 말입니다. 이스라엘이 출애굽하여 자유를 얻은 후, 이를 자유나 정욕을 방종하는 기회로 삼지 않고 시내산에 이르러 하나님과 언약을 맺습니다.

"너희가 내 말을 잘 듣고 내 언약을 지키면 너희는 모든 민족 중에서 내 소유가 되겠고"(출 19:5).

모세와 이스라엘이 시내산에서 받은 율법은 비록 방대하고 복잡하지만 핵심은 바로 '성결과 의'입니다. 예수 그리스도를 통하여 하나님과 새로운 언약을 맺은 신약의 그리스도인들도 마찬가지로 그것을 삶의 지침으로 삼아야 합니다. 그러므로 예수님도 이렇게 말씀하셨습니다.

"내가 율법이나 선지자를 폐하러 온 줄로 생각하지 말라 폐하러 온 것이 아니요 완전하게 하려 함이라 진실로 너희에게 이르노니 천지가 없어지기 전에는 율법의 일점 일획도 결코 없어지지 아니하고 다 이루리라"(마 5:17-18).

'성결과 의'의 정신은 출애굽기로부터 신명기에 이르는 모세 율법의 모든 조항 중에 가득 차 있습니다. 우리는 모든 조항을 전부 분석할 수는 없지만 대체로 그리스도인의 삶을 다섯 가지 차원으로 나누어 볼 수 있습니다.

첫째, 일종의 심령 상태입니다. 이는 "여호와는 나의 하나님"임을 인지하게 하고 자신이 여호와 하나님께 속해 있음을 알게 합니다. 자신과 하나님 사이에 "내 사랑하는 자는 내게 속하였고 나는 그에게 속하였도다"(아 2:16)라는 내적 친밀 관계라고 할 수 있습니다.

둘째, 가정 관계 속에 반영됩니다. 부모에게 효도하면 "너는 센 머리 앞에서 일어서"게 됩니다(레 19:32). 결혼 생활에 충실하면 형제들을 미워하지 않고 자녀들을 선하게 대하게 됩니다.

셋째, 공평하고 정의로운 사회 관계를 드러냅니다. 여기에 재판 중의 공평과 공정이 포함되고, 장사할 때 "공평한 저울과 공평한 추와 공평한 에바와 공평한 힌을 사용하라"(레 19:36)는 것도 포함됩니다. 품꾼의 삯을 아침까지 밤새도록 갖고 있어도 안 됩니다(레 19:13).

넷째, 가난한 자와 나그네들에게 베푸는 자선 속에 반영됩니다. 모세 율법에 여러 번 등장합니다. 예를 들면, "너희의 땅에서 곡식을 거둘 때에 너는 밭모퉁이까지 다 거두지 말고 네 떨어진 이삭도 줍지 말며 네 포도원의 열매를 다 따지 말며 네 포도원에 떨어진 열매도 줍지 말고 가난한 사람과 거류민을 위하여 버려두라"(레 19:9-10)고 했습니다. 이는 재물에 대해 공적으로 공유할 뿐만 아니라 나눔을 받는 자에게도 존엄이 있게 해야 한다는 것입니다.

마지막으로, 환경과 기타 생물을 선대하는 가운데 반영됩니다. 모세 율법은 안식년과 희년에 대한 제도를 규정하고 있습니다.

> "일곱째 해에는 그 땅이 쉬어 안식하게 할지니 여호와께 대한 안식이라 너는 그 밭에 파종하거나 포도원을 가꾸지 말며 네가 거둔 후

에 자라난 것을 거두지 말고 가꾸지 아니한 포도나무가 맺은 열매를 거두지 말라 이는 땅의 안식년임이니라 안식년의 소출은 너희가 먹을 것이니 너와 네 남종과 네 여종과 네 품꾼과 너와 함께 거류하는 자들과 네 가축과 네 땅에 있는 들짐승들이 다 그 소출로 먹을 것을 삼을지니라"(레 25:4-7).

이 다섯 가지 차원들은 바울이 갈라디아서에서 한 말씀에 전체적으로 귀납됩니다.

"형제들아 너희가 자유를 위하여 부르심을 입었으나 그러나 그 자유로 육체의 기회를 삼지 말고 오직 사랑으로 서로 종 노릇 하라 온 율법은 네 이웃 사랑하기를 네 자신같이 하라 하신 한 말씀에서 이루어졌나니"(갈 5:13-14).

사가랴의 이 찬송은 위로는 사람들이 어떻게 하나님 앞에 서야 하는지에 관해 구약에서의 계시를 전승하고 있습니다. 아래로는 신약에서 그리스도 안에서 사람들이 누리는 자유의 의미를 열어 주고 있기에 정신적으로 담고 있는 의미는 매우 깊고 넓습니다.

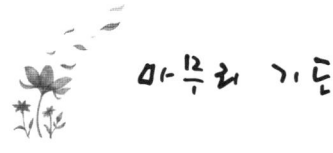

마무리 기도

하늘에 계신 주님,
당신은 이미 성육신하셔서 우리 가운데 계십니다.

당신이 이 세상에 오심은 심판을 위한 것이 아니라 당신의 잃어버린 백성들을 부르시기 위함임을 압니다. 당신은 인애(仁愛)로 천지 만물을 촉촉이 적셔주시고 자비(慈悲)로 온 세상을 덮어주십니다.

당신은 사랑으로 우리를 주목하고 계시고, 당신의 사랑 안에서 우리는 두려움을 떨쳐 냅니다.

하늘에 계신 주님,
당신은 우리를 해방시켜 주셨습니다. 당신의 진리의 빛으로 우리의 나아가는 발걸음을 인도하여 주옵소서. 당신의 사랑으로 우리의 심령을 분발하게 하셔서 당신의 거룩과 공의의 계명을 준행하게 하옵소서.

당신이 크신 능력의 영광 가운데 다시 오실 그때까지 우리가 여전히 두려움 없이 당신 앞에 설 수 있도록 도와주옵소서.

아멘!

5. 말씀대로 내게 이루어지이다

> **묵상 본문**

"주께서 너와 함께 하시도다"(눅 1:28).
"주의 여종이오니 말씀대로 내게 이루어지이다"(눅 1:38).
"나의 자녀들아 너희 속에 그리스도의 형상을 이루기까지 다시 너희를 위하여 해산하는 수고를 하노니"(갈 4:19).

> **묵상 질문**

1. 하나님의 부르심을 듣고 마리아는 어떤 대답을 하였습니까?

2. 마리아의 심령 깊은 곳에서 우러나온 대답이 하나님의 은혜의 부르심에 대한 모든 그리스도인들의 대답이라고 할 때, 그리스도인의 생명에는 어떠한 변화가 일어납니까?

3. "말씀대로 내게 이루어지이다"라는 고백은 우리 자신에게 어떠한 의미가 됩니까?

05일

　　　　　때가 차매 하나님께서 창세 전부터 이미 정하신 구원 계획을 세상에 펼치십니다. 하나님의 로고스가 사람의 모양으로 역사에 들어오실 때, 하나님은 한 여자, 즉 하와의 후손을 찾아내어 성육신의 계획을 이루십니다. 바로 마리아입니다. 누가복음은 마리아를 이렇게 소개합니다.

> "천사 가브리엘이 하나님의 보내심을 받아 갈릴리 나사렛이란 동네에 가서 다윗의 자손 요셉이라 하는 사람과 약혼한 처녀에게 이르니 그 처녀의 이름은 마리아라"(눅 1:26-27).

　하나님께서 선택하신 이 여자는 그 당시 로마나 이스라엘 사람들 중에서 가장 평범한 사람이었습니다. 당시 이스라엘의 종교와 문화 중심은 예루살렘 남쪽의 유다 지방을 에워싸고 있었고, 갈릴리, 사마리아 지역은 멀리 북쪽에 떨어져 있었습니다. 그 지역에 있는 나사렛은 더더욱 지극히 평범한 작은 동네였습니다. 사람들은 도무지 나사렛이라는 동네에서 무슨 선지자가 날 것이라고 믿지 않았고, 메시아가 나타난다는 것은 더더욱 상상하지도 못했습니다.
　마리아와 요셉은 보통의 서민입니다. 요셉은 목수라는 직업으로 부지런히 노동하면서 생계를 이어갔습니다. 하나님께서 마리아를 선택하여 당신의 세상 구원 계획을 성취하신 것은 바로 창조주로서 전능함을 반영합니다. 하나의 티끌이라도 하나님의 빛이 비추면 온 세상을 향한 축복이 될 수 있다는 것입니다. 마리아가 하나님의 부르심을 받고 성령으로 충만하게 된 운명은 사실상 오늘날 모든 평범한 그리스도인들에게도 해당되는 모습입니다. 하나님의 계획이 특정한 개인에게서 실현됨은 그 사람의 지위, 재산, 지식과 무관합니다. 하나님의 부르심을 오직 마음으로 듣고 즉각 반응할 때 천지를 창조하신 하나님과 언약을 맺은 우주적 시민이 되는 것입니다.

하나님의 구원의 복음에서 주인공은 예수님이지만, 전체 구원 계획에서 마리아의 역할 또한 특별합니다. 예수님의 출생 전과 사망 후에 대한 감성은 모두 다 마리아의 경험 안에 있었습니다. 마리아는 유일하게 예수의 출생과 사망의 현장에 있었던 사람입니다. 그는 성자가 아기로 태어남도 보았고, 십자가에서의 죽음도 바라보았습니다.

성자 출생에 대한 예고(Annunciation)를 받고, 엘리사벳과 임태의 소식을 공유(Visitation)하고, 성자가 태어나서 그 아기를 구유에 누이고(Nativity), 성전에서 성자를 드리고(Presentation), 성전에서 강론하는 성자를 발견하기도 하였습니다(Finding Jesus in the temple). 어머니로서 사랑하는 아들의 출생과 성장보다 더 큰 기쁨이 어디에 있겠습니까?

그러나 마리아는 시므온으로부터 예수의 죽음에 대한 예언도 들었습니다. 헤롯 왕의 학살을 피해 애굽으로 도망갔었습니다. 성전에서 사랑하는 아들을 잃어버리기도 했습니다. 사랑하는 아들이 십자가에 못 박힘을 직접 보았습니다. 숨을 거둔 아들을 품에 안았습니다. 죽은 아들을 무덤에 장례하였습니다. 어머니로서 이보다 더 큰 애통함이 어디에 있겠습니까? 마리아는 평범한 여자입니다. 그러나 예수 이야기의 전개에서 그녀 마음에 새겨지는 감정은 온 인류가 이 세상에서 하는 경험을 반영하고 있습니다.

설령 사람들이 그녀처럼 그토록 깊은 감정적 체험이 없다고 할지라도 그녀의 기쁨과 애통은 미세한 사건에서라도 사람들의 마음에 깊이 묻혀 있는 생존 체험을 불러일으킵니다.

우리 함께 마음을 집중하여 마리아가 들었던 천사의 음성을 묵상합시다. 천사가 찾아와서 "주께서 너와 함께 하시도다"(눅 1:28)라고 이르고 "네가 잉태하여 아들을 낳으리니 그 이름을 예수라 하라"(눅 1:31)고 말했을 때 마리아의 마음이 어땠을지 묵상합시다. 왜냐하면 우리 모든 그리스도인이 하나님의 부르심을 받았을 때 마리아와 똑같은 과정을 밟아야 하기 때문입니다.

우리는 이렇게 상상할 수 있습니다. 마리아가 천지의 창조주에게 선택되었고 주님은 구원 계획을 완성하시려고 가브리엘 천사장을 보내 성육신의 메시지를 전할 때, 하나님의 권능과 천사장의 위력으로 마리아와 협상할 필요도 그녀의 동의를 구할 필요도 없이 성자는 그냥 그렇게 마리아의 복 중에 잉태될 수도 있었습니다.

그러나 하나님은 당신의 자유에서 출발하여 사람들에게 주권적으로 다가가시는 사랑으로 사람들의 자율적인 응답을 요구하셨습니다. 하나님은 자신의 형상대로 사람을 지으시고 자유를 부여하셨으며 그분을 인식하고 사랑할 수 있는 능력을 허락하셨습니다. 하나님의 사랑이 사람들의 마음을 직접 감동시키시고 마음의 문을 두드리실 때, 하나님께서 기대하시는 바는 바로 사람들의 자율적인 응답입니다. 영혼은 오직 자유로운 상태에서만 사랑으로 하나가 됩니다.

누가복음 1장 26절부터 38절에는 천사장과 마리아 사이의 긴 대화가 기록되어 있습니다. 그 대화의 핵심은 바로 이것입니다. 천사가 마리아에게 하나님의 부르심을 전한 후 하나님, 천사, 온 세계가 모두 숨을 죽이고 마음을 고르며 한 자유로운 영혼의 대답을 조용히 기다렸다는 것입니다.

마리아가 하나님의 구원 계획에서 차지하는 위치는 특별합니다. 아담으로부터 그 이후의 모든 사람은 모두 마리아가 동의하는 대답을 기다립니다. 아담과 하와가 기다리고 있습니다. 아브라함과 다윗도 기다리고 있습니다. 온 세상의 모든 사람이 기다리고 있습니다. 그녀의 마음속에서 우러나오는 동의는 모든 흑암의 그늘에 앉아 있는 사람들에게 빛을 가져다줍니다. 묶여 있는 사람들에게 해방을 가져다줍니다. 불쌍한 사람들에게 위로와 소망을 가져다줍니다.

하나님의 영원한 말씀은 그녀의 마음속에 동의가 되었고, 그녀의 입에서 고백되는 순종으로 육신이 되었습니다. 이 육신이 된 말씀 안에서 우리는 비로소 새롭게 거듭나고 영생 가운데 살 수 있는 새 사람이 됩니다.

천사와의 대화에서 마지막에 마리아는 "주의 여종이오니 말씀대로 내게 이루어지이다"(눅 1:38)라고 대답합니다. 간결한 한마디로 표현한다면 곧 "당신의 뜻대로 이루어지이다"(爾意承行)입니다.[5] 마리아가 외친 결정적인 대답은 간단하지만 그 무게는 오히려 무거운 것입

---

5) 爾意承行는 라틴어로 'Fiat', 영어로는 'Let it be done', 즉 어떤 것이 행해지거나 이루어지라고 하는 권위 있는 명령, 혹은 명령이 수반되는 결정을 의미합니다. 또한 어떤 것을 하라는 요구에 대하여 그렇게 하겠다는 충분한 의향을 가지고 '예'라고 대답하는 것을 뜻하기도 합니다. - 역자 주

니다. 그녀는 한마디 대답으로 하나님의 로고스를 받아들였습니다. 그녀는 짧은 말로 영원한 진리를 받아들인 것입니다. 그녀는 마음속 깊이 있는 말을 하였고 그 안에서 성자 그리스도의 잉태를 시작하였습니다.

마리아가 하나님의 부르심에 반응한 대답은 매우 평범한 것입니다. 이는 그 어떤 죄인이라도 하나님의 구원의 메시지를 들었을 때 할 수 있는 대답이었고, 그 어느 그리스도인이라도 생명 가운데서 하나님의 부르심을 받으면 해야 하는 대답입니다. 만약 한 죄인이 하나님의 복음을 들었을 때 마리아처럼 "당신의 뜻대로 이루어지이다"라고 대답하면서 자신의 마음 문을 연다면, 그의 대답은 만물의 창조보다 더욱 위대한 것입니다.

마치 어거스틴이 "한 죄인의 칭의는 천지 창조보다 더 위대한 사역이다"라고 말한 바와 같습니다. 왜냐하면 천지는 장차 없어질지라도 구원과 선택받은 자의 칭의는 만세에 영원하기 때문입니다. 모든 미세한 시각마다 하나님의 부르심이 한 사람의 생명 위에 임할 때, 하나님께서 바라는 것은 자유로운 사람이 자신을 향하여 "당신의 뜻대로 이루어지이다"라고 대답하는 것입니다. 한 사람 한 사람의 마음 깊은 곳에서 외치는 "당신의 뜻대로 이루어지이다"라는 응답들이 모여 하나님께서 당신의 주권으로 경영하는 세계의 웅장한 그림을 이루는 것입니다.

마리아가 마음속 깊은 곳에서 외치는 순종의 응답은 그녀에게 생명의 전환점이 되었습니다. 그녀는 입을 열어 순종을 선포하였습니다. 그녀는 마음을 열어 위로부터 오는 은혜를 받아들였습니다. 그녀는 몸을 열어 그리스도의 잉태를 받았습니다. 이는 모든 성도가 순종의 마음으로 하나님의 부르심에 응답하면 생명이 전환됨을 보여줍니다.

여기에는 세 가지 기본적인 요소들이 담겨 있습니다. 즉 마음으로 믿음, 입으로 인정, 그리고 내면에 잉태입니다. 하나님의 은혜가 한 사람에게 임하는 것은 마치 마리아와 마찬가지로 성부의 뜻이기도 하고 성령의 강림이기도 합니다. 우리가 마음으로 믿고 입으로 인정할 때 그리스도의 은혜 역시 우리 모두의 안에 베풀어집니다(롬 10:10). 우리가 그리스도가 아닌 그 무엇을 잉태할 수 있겠습니까? 육신의 측면으로만 볼 때 예수님은 오직 어머니 마리아에게만 있습니다. 그러나 심령으로 본다면 우리는 마리아처럼 믿음 안에서 그리스도를 우리 안에 잉태한 것입니다. 이는 곧 바울이 갈라디아서 4장 19절에서 말한 바와 같습니다.

"나의 자녀들아 너희 속에 그리스도의 형상을 이루기까지 다시 너희를 위하여 해산하는 수고를 하노니."

우리가 사랑이라고 하는 복음의 계명을 따라 살지 못한다거나 우리의 품성을 키우지 못한다면, 우리의 심령 안에 잉태한 그리스도의 '성스러운 태아'(聖胎)는 성장할 수 없으며 그냥 허약하고 불완전한 상태로 남습니다.

마리아가 "주의 여종이오니 말씀대로 내게 이루어지이다"라고 한 외침은 하나님의 은혜와 사람 마음의 자유와의 관계에 대한 묵상을 비추어줍니다. 하나님께서 은혜 가운데서 사람들을 부르심은 아무런 조건도 없는 것으로서 완전히 하나님의 자유와 주권입니다. 하나님의 부르심은 인간 이성의 이해 능력을 초월한 것이며 동시에 인간 자신의 의지적 결정도 초월하는 것입니다. 왜냐하면 만물의 창조주로서 하나님의 의지는 모든 피조물의 능력을 초월하는 것이기 때문입니다.

그러나 하나님께서 성령의 운행과 빛을 통해 사람의 마음을 감동시킬 때 사람도 완전히 아무것도 없는 상태가 아닙니다. 사람은 받아들이거나 동의할 수도 있고, 혹은 실제로 거부하거나 반대할 수도 있다는 것입니다. 마리아처럼 하나님의 부르심과 선택하심에 대하여 사람은 신앙의 동의를 할 수 있습니다. 이 동의에는 그 어떤 사람의 자체 능력 혹은 의향을 첨가해야 하는 것이 아니라, 단지 하나의 "자기를 비우는"(虛己) 행동입니다. 자아를 비우고 성령의 이끄심을 달게 받아들이고 우리의 몸에서 하나님께서 시작하신 사역을 성취하도록 동의하는 것입니다.

"당신의 말씀대로 내게 이루어지기를 원합니다"라는 고백은 "그리스도가 우리 안에, 우리가 그리스도 안에" 있는 그리스도인의 생명을 여는 첫걸음입니다. 그다음부터는 내가 사는 것이 아니라 주님께서 우리 안에 사시는 것입니다. 이는 첫걸음일 뿐만 아니라 우리 삶 전부를 관통하는 것입니다. 우리가 끊임없이 주님의 부르심에 대하여 "당신의 말씀대로 내게 이루어지기를 원합니다"라고 고백해야 우리의 마음이 더욱 완전해지고 하나님과 함께 살아가며 하나님의 사랑으로 행동하게 됩니다.

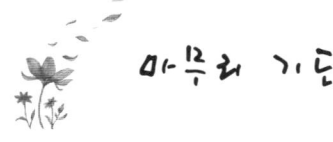 마무리 기도

하늘에 계신 주님,
당신의 말씀은 우주의 생명력이십니다. 당신의 말씀으로 만물이 허무(虛無)로부터 만들어졌습니다. 주님께서 당신의 말씀으로 우리 안에 새로운 창조를 실현해주옵소서.

당신은 말씀으로 잃어버린 사람을 부르셨습니다.
"너는 어디에 있느냐?"
주님께서 말씀으로 죄인들을 부르셔서 우리에게 영원한 새 생명을 내려주옵소서.

당신은 말씀으로 당신의 백성들에게 새로운 생명의 법칙을 선포하셨습니다.
당신의 말씀 가운데 우리에게 밝은 빛을 내려주시고 우리의 발걸음을 평안의 길로 인도하여 주옵소서.

하늘에 계신 주님,
당신의 말씀이 우리의 몸에 성취되게 하옵시고, 우리로 하여금 당신의 신성한 생명을 나누게 하옵시며, 당신의 사랑으로 행하게 하사 기쁨 가운데서 당신의 재림을 소망하게 하옵소서.
아멘!

6. 성령으로 잉태되다

묵상 본문

"마리아가…성령으로 잉태된 것이 나타났더니"(마 1:18).
"천사가 대답하여 이르되 성령이 네게 임하시고 지극히 높으신 이의 능력이 너를 덮으시리니 이러므로 나실 바 거룩한 이는 하나님의 아들이라 일컬어지리라"(눅 1:35).

묵상 질문

1. 마리아가 성령으로 예수를 잉태함은 모든 그리스도인이 새 생명을 잉태해야 하는 것을 우리에게 어떻게 예시합니까?

2. 하나님께서 예정하신 구원 계획에서 성자와 성령은 어떻게 협력합니까? 성령은 어떻게 우리 안에서 역사하여 그리스도의 생명을 잉태합니까?

06일

　　복음서에 기록된 이 짧은 한마디는 말씀이 성육신하셨다는 이 결정적인 구속 사건에서 성령과 성자 사이의 불가분리적인 관계를 드러냅니다. 이는 모든 그리스도인의 새 생명은 성령으로 잉태되고 성령이 양육하고 결국 풍성하고 완전한 데까지 이른다는 것을 예시합니다.

　　예수의 성육신은 삼위일체 하나님이 함께 일한 결과입니다. 그리스도인이 믿는 하나님을 완벽하게 묘사한다면 바로 이러할 것입니다. 성령과 함께 성부 안에 있는 성자(the Son in the Father with the Holy Spirit)입니다. 삼위 중의 그 어느 한 위(位)를 예배한다는 것은 곧 두 위(位)도 동시에 예배하고 있는 것입니다. 하나님 자신은 단일 실체가 아니라 내재적인 삼위 간의 관계에 계시고 사랑으로 융합되어 있습니다.

　　"하나님은 사랑이시라"(요일 4:16) 하는 것은 사랑이 하나님의 기능이나 표현임을 말할 뿐만 아니라 본래적 의미에서 사랑은 성삼위일체의 또 다른 표현이라는 것입니다. 왜냐하면 하나님은 세 개의 위(位)가 있기에 하나님은 곧 사랑이시며, 동시에 하나님은 사랑이시기에 하나님에게 세 개의 위(位)가 있으신 것입니다. 동일 신성(同一神性)을 가진 하나하나의 위(位)는 모두 끊임없고 완벽한 사랑의 관계에서 자기를 다른 두 위(位)에게 예물로 드립니다.

　　아버지는 성삼위 중의 근원으로서 자신의 풍성함을 완전히 성자와 성령에게 부여합니다. 성자와 성령은 또한 자신들의 사랑을 다시 아버지에게 돌리며 동시에 서로 간에 교통을 진행합니다. 이렇게 성삼위 간에 단절이 없는 하나의 통일체를 형성하는데 신학적으로는 '상호 내주'(perichoresis)라고 부릅니다. 하나님의 구원 사역에서 성삼위는 계속적으로 동시에 역할을 하는 것입니다.

마리아의 잉태, 즉 로고스가 육신을 이루는 그 순간에 성령과 성자 간에는 친밀한 협력을 하였습니다. 한편으로 성령은 성자의 사명 가운데 참여하였고 성자의 부르심에 순종하여 성자의 성육신에 협력하였습니다. 한편으로 성령은 '생명을 부여하는 주'로서 마리아의 뱃속에서[腹中] 성화하여 하나님의 말씀이 육신이 되었습니다. 그리하여 우리와 마찬가지로 영혼과 육체를 가진 한 명의 평범한 인간이 되었습니다. 오랜 기독교 신학의 전통에 따르면, 예수가 동정녀 마리아의 복중에서 출생하신 것은 창세 이전에 성자가 성부에서부터 나온 것과 호응하는 하나의 관계를 이룬다는 것입니다.

> "만세 이전에 어머니가 없이 성자는 성부에게서 태어났다. 마지막 시대에 아버지가 없이 예수는 마리아에게서 태어났다."[6]

성자의 잉태 사역에서 성령의 역할은 현저합니다. 이전에는 성령도 감추어진 방식으로 성자의 사명과 연합하였습니다. 우선, 최초의 창조 사역에서 성령은 혼돈 위에 운행하면서 부화하시는 형식으로 만물에 생명을 잉태시켰습니다. 성령은 성부가 불어내신 숨으로 성

---

6) Augustine, "Sermons 196", *The Works of Saint Augustine: A Translation for the 21st Century* (New Rochelle, NY: New City Press, 1993), Part III, Vol. 6, p.60.

부의 '첫 형상'인 성자와 함께 만물을 창조하였습니다. 성령은 아버지, 아들과 같은 본질인 하나님으로서 피조물에게 생명을 부여하였고, 그들을 관리하고 동시에 그들을 성화하였습니다. 인간의 창조에서 성령과 성자는 마치 성부의 두 손과 같았으며 눈에 보이는 사람의 몸에 하나님의 형상을 빚었습니다. 창조주가 사람의 코에 성령을 불어 넣으셨기에 사람은 드디어 영이 있는 살아 있는 사람이 되었고 하나님과 서로 알고 사랑하는 관계를 형성하였습니다.

그다음, 구속사에서 성령은 끊임없이 선지자를 통해 계시하며 예언의 방식으로 성자의 강림을 선고하였습니다. 인간의 시조가 낙원에서 내쫓기는 심판에서 성육신의 구원을 예시하였습니다.

"여자의 후손은 네 머리를 상하게 할 것이요 너는 그의 발꿈치를 상하게 할 것이니라"(창 3:15).

아브라함을 선택하여 새로운 구속사의 시작을 여는 부르심 속 예언과 같이 땅 위의 만민은 모두 예수라는 아브라함의 후손으로 말미암아 "복을 얻을 것"이란 약속이 이루어집니다(창 12:3).

선지자의 예언은 곧 성령이 선지자에게 계시하여 성자의 강림을 예고하는 것입니다. 성령은 선지자 이사야에게 다음과 같은 선포를 계시하였습니다.

"처녀가 잉태하여 아들을 낳을 것이요 그의 이름을 임마누엘이라 하리라"(사 7:14).

이사야서의 "종의 노래"라는 4가지 서사시 중에서(사 42:1-4, 49:1-6, 50:4-9, 53:1-11) 4번째 노래로 성령은 선지자에게 계시를 주시어 예수가 곧 "고난받는 종"이 될 것을 예언하게 하였고, 수난과 죽음을 통하여 예수가 생명의 영을 우리에게 부여하심을 선포하게 하였습니다.

마지막으로, 근본적인 측면에서 보면, 성자 예수의 탄생에 대한 예비와 선고 역시 성령의 사역입니다. 성육신 이전에 성령은 세례 요한의 잉태를 예비하였고, 세례 요한은 "모태로부터 성령의 충만함"을 받았습니다(눅 1:15). 마리아가 엘리사벳을 방문하였을 때 성령이 성자에게 문안과 찬송을 드렸습니다.

> "엘리사벳이 성령의 충만함을 받아 큰 소리로 불러 이르되 여자 중에 네가 복이 있으며 네 태중의 아이도 복이 있도다"(눅 1:41-42).

이 세상에서 세례 요한의 사역은 바로 그리스도를 위하여 간증하고 예비하는 것이었습니다. 세례 요한은 구약 선지자 중에서 마지막 선지자입니다. 왜냐하면 그는 구약에서 예언한 그리스도와 직접 대면하여 대화하였기 때문입니다. 세례 요한의 몸에서 성령은 자신이 구약 선지자들을 통해 계시했던 예언을 완성하였습니다. 세례 요한이 예수님이 세례를 받으실 때 했던 예언은 바로 구약 선지자들의 구원을 향한 외침과 성령과 성자가 서로 호응하는 것입니다.

> "요한이 또 증언하여 이르되 내가 보매 성령이 비둘기같이 하늘로부터 내려와서 그의 위에 머물렀더라"(요 1:32).

하나님께서 세상을 구원하고자 계획하신 시기에 마리아는 성령으로 잉태하였고, 말씀이 육신이 되었습니다. 그리고 그리스도가 죽음에서 부활하신 이후 성령을 파견하여 자신을 영접한 모든 사람 안에 그리스도의 새 생명을 잉태하게 하십니다. 이는 에베소서 3장 17절에서 말씀하신 바와 같습니다.

"믿음으로 말미암아 그리스도께서 너희 마음에 계시게 하시옵고 너희가 사랑 가운데서 뿌리가 박히고 터가 굳어져서."

모든 그리스도인이 가지는 믿음은 온전히 성령의 사역으로 말미암은 것입니다. 이런 의미에서 모든 그리스도인에게 있어서 "마리아가 성령으로 잉태하였다"는 표현은 실제적입니다. 성령은 믿음을 통해 그리스도를 그리스도인 한 사람 한 사람 안에 잉태시킵니다. "너희 속에 그리스도의 형상을 이룬다"(갈 4:19)는 것이 곧 그리스도인이 맺어야 할 '성태'(聖胎)입니다. 이는 성령으로 잉태함과 성령의 인도, 양육과 함께함[同在]이 필요하며, 이렇게 함으로 성장하고 성숙에까지 이를 수 있습니다.

이 역시 성자와 성령이 함께 성부의 구원 사역을 완성하는 또 한 차례의 협력입니다. 첫 번째는 성령이 마리아 안에 성자를 잉태시킨 것이고, 두 번째는 성자가 성령을 파견하여 우리 안에 그리스도의 생명을 품게 한 것입니다. 첫 번째 성육신은 하나님께서 인간이 되신 것이고, 두 번째는 말씀이 육신이 되고 사람이 하나님의 아들이 되어 성삼위 간에 하나 된 생명을 누리는 것입니다. 첫 번째는 인간의 보편적 본성을 붙잡고 인간을 죄와 사망의 권세에서 해방시키는 것이고, 두 번째는 하나하나의 독립적인 개인을 붙잡고 사람마다 독특하지만 영원한 생명을 얻게 하는 것입니다.

성령은 '생명의 부여자'로서 생명의 무한한 원천입니다. 성령은 많은 사람들에게 나누어 준다고 해서 고갈되지도 않고 사람들에 의해 나누어진다고 해서 손상되는 것도 아닙니다. 성령은 어디에나 계시지 않는 곳이 없이 존재하시고(無所不在) 모든 사람 안에 있습니다. 사람마다 성령 안에서 그리스도의 생명을 나누어 가지지만 각 사람의 생명은 다 다릅니다.

성령은 햇빛과 같아서 그 햇빛을 누리는 사람들은 각자 독립적으로 누리지만 햇빛은 대지와 바다를 골고루 비추고 하늘에 가득 차 있습니다. 성령은 모든 성령을 영접하는 사람들에게 완전한 은혜를 누릴 수 있도록 충분히 주어지며 각 사람마다 마치 자기 한 사람을 위해 오신 것과 같이 느끼게 합니다.

이런 의미에서 우리는 다각도로 "마리아가 성령으로 잉태하였다"는 것이 그리스도인의 삶에 보편적인 의미가 있음을 살펴보았습니다. 마리아는 동정녀로서 잉태하였고, 성령이 성자를 그녀 안에 잉태케 하였으며, 그럼에도 몸의 온전성을 파괴하지 않고 그녀의 순결함을 완전히 지켰습니다.

그리스도인이 성령으로 그리스도의 생명을 받아들일 때도 그들의 외적인 육신이나 사회 신분은 어떤 변화가 생긴 것은 아니지만 분명히 새로운 내적 생명을 얻게 됩니다. 이 내적 생명은 곧 "질그릇에 담긴 보배"입니다. 설령 사람의 겉 사람이 훼손되는 중에 있을지라도 "속사람은 날로 새로워지는" 것입니다(고후 4:7-16).

성령의 사역으로 그리스도의 생명은 어머니 마리아의 뱃속에서 성장하였습니다. 그러면 오늘날 그리스도인들에게 있어서 '마리아의 복중'은 어디일까요? 그곳은 바로 교회입니다. 초대 교부 키프리안 (Cyprian, 248-258)은 이렇게 강조하였습니다.

"만약 교회를 어머니로 하지 않으면 하나님을 아버지로 할 수 없다."

칼빈도 이렇게 말하였습니다.

"하나님을 아버지로 하는 이는 반드시 교회를 어머니로 해야 한다."

이는 교회의 권위만 강조하는 것이 아니라 오히려 교회가 가진 그리스도인들의 '정신적 어머니' 역할을 더욱 강조하는 말입니다. 성령이 그리스도인들에 대한 양육과 성화를 위해 교회의 거룩한 말씀과 예전을 통해 그리스도인의 생명 안으로 들어가게 하시는 것입니다.

성령은 그리스도를 우리의 생명 중에 잉태케 하시고 그리스도가 사셨던 모든 것을 우리 안에서 다시 살 것을 요구합니다. 성령의 큰 권능 아래에서 우리는 이미 그리스도와 하나가 되었습니다. 또한 우리에게 그리스도의 삶의 모든 과정과 가르침을 계속 실행하며 완성하라고 말합니다. 그리스도의 생명을 나누고, 그리스도를 본받아 살며, 성령 안에서 새로운 생명의 열매를 맺는 것, 이것이 바로 '성령으로 잉태함' 즉 우리 모든 사람에게 주는 보편적인 의미입니다.

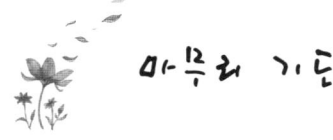

마무리 기도

그리스도시여,
당신은 성령의 기름 부음을 받은 이십니다. 우리를 구원하여 주옵소서.

창세전에 당신의 성령이 수면 위에서 운행하며 만유의 살아 있는 영을 부화시켰습니다. 이제 당신의 성령이 우리 가운데 강림하사 우리 안에 영원한 생명을 잉태하게 하옵소서.

성부의 뜻에 따라 성령은 마리아의 복중에 당신을 사람의 몸으로 잉태케 하였습니다.
그리스도시여, 지금 그 동일한 성령으로, 당신의 말씀과 피와 살로 우리를 거듭나게 하사 당신의 신성을 누리게 하옵소서.

요단 강가에서 성령이 비둘기같이 당신의 몸에 내려앉듯이 성령을 우리에게 보내주셔서 우리 안에 영원히 마르지 않는 생수가 솟아나게 하옵소서.

아멘!

제2부

그리스도는 세상에 태어나셨다

7. 지극히 높은 곳에서는 하나님께 영광을
8. 내 눈이 주의 구원을 보았사오니
9. 이름을 예수라 하라
10. 애굽으로 피하라
11. 내 아버지 집에 있어야 하나이다
12. 주의 길을 준비하라, 그의 오실 길을 곧게 하라
13. 마지막 아담

7. 지극히 높은 곳에서는 하나님께 영광을

> **묵상 본문**

"홀연히 수많은 천군이 그 천사와 함께 하나님을 찬송하여 이르되 지극히 높은 곳에서는 하나님께 영광이요 땅에서는 하나님이 기뻐하신 사람들 중에 평화로다 하니라"(눅 2:13-14).

"예루살렘을 위하여 평안을 구하라 예루살렘을 사랑하는 자는 형통하리로다 네 성 안에는 평안이 있고 네 궁중에는 형통함이 있을지어다 내가 내 형제와 친구를 위하여 이제 말하리니 네 가운데에 평안이 있을지어다 여호와 우리 하나님의 집을 위하여 내가 너를 위하여 복을 구하리로다"(시 122:6-9).

> **묵상 질문**

1. 이 찬송시는 예수님이 탄생하실 때 하늘과 땅과 사람들 사이의 조화롭고 기쁨에 찬 상태를 어떻게 묘사합니까?

2. 구약에서 하늘과 땅과 사람들간에 서로 융합되고 교통함은 어떻게 실현되었습니까? 예수의 성육신은 하늘과 땅과 사람들과의 관계에 어떠한 변화를 가져옵니까?

3. 교회를 '그리스도의 몸'이라고 부릅니다. 오늘날 그리스도인들은 어떻게 교회 안에서 하늘과 땅과 사람들 사이에 융합되고 교통함으로 복되고 희락이 넘치게 합니까?

07 일

누가복음에는 예수 성탄에 관한 네 편의 찬송시가 있습니다. 첫 번째를 전통적으로 '영광의 찬가'(Gloria)라고 합니다. 이 찬송시는 분량은 가장 짧지만 그 경지는 가장 웅장하고 의미심장합니다. 지극히 높은 정신 세계를 표현하며 기독교 신앙의 천지경지(天地境地)에 대한 결론도 가장 농축되어 있습니다.

이 찬송시에 대해 말하자면, 옛날 사람들은 손으로 성경을 필사하였기에 조금 차이가 생길 수도 있어서 성경 구절을 이해하는 데에 영향을 줄 수도 있었습니다. 중국어 성경에서도 특별히 "어떤 고문서(古卷)에는 '기쁨을 사람들에게 주신다'라고 함"이라고 다른 해석을 덧붙입니다.[7] 헬라어 원문에서 마지막 단어 'εὐδοκίας'(기뻐하다)에서 'ς'가 붙어 있으면 이는 앞에 있는 'ἀνθρώποις'(사람)을 한정하는 것으로써 '하나님이 기뻐하는 사람'이라는 뜻이 됩니다.

현재 중국어 성경은 바로 이런 뜻으로 표현합니다. 만약 'ς'가 없다면 'εὐδοκία'는 '기쁨'이라는 뜻이 되며, 앞에 있는 영광, 평화와 나란히 단독적인 명사로써 해석됩니다. 바로 이렇습니다. "지극히 높은 곳에서는 하나님께 영광을 돌리고, 땅에는 평화가 있으며, 사람에게

---

[7] 중국교회에 통용되고 있는 중국어성경 《화합본》(和合本, The Chinese Union Version)에는 누가복음 2장 14절 뒤에 괄호로 이 부분이 표기되어 있습니다. 한국에서 1912년에 발행한 《한문성경》에도 괄호로 "或作在地蒙悅之人共享和平"(또는 땅에서 기쁨을 입은 사람들이 평화를 함께 누린다)라고 되어 있습니다. - 역자 주

는 기쁨이 있습니다."

어떤 방식의 해석이라 할지라도 이 구절이 가지는 기본적인 의미는 같습니다. 예수의 성탄은 하늘의 구주가 세상에 강림하는 것으로써 하나님께서 하늘, 땅, 사람에게 한없는 평화와 기쁨을 주신 것입니다. 하늘에서는 예수님의 성육신이 하나님의 세상에 대한 섭리에서 나온 것이며 이는 하나님의 전능과 자비를 구현한 것입니다.

그리고 뭇 천사들은 이 때문에 하나님께 영광을 돌립니다. 땅에서는 예수 그리스도의 강림으로 만물이 죄악의 압제와 묶임에서 해방되어 이에 만물이 모두 화평과 복을 누립니다. 사람에게는 로고스가 인간이 되어 강림하여 그리스도 안에서 하나님의 구원을 누리며 하나님과 화목하게 됩니다. 그래서 말로 표현할 수 없는 기쁨이 사람들의 마음에 넘치게 됩니다. 예수 그리스도 안에서 하늘, 땅, 사람은 각기 자기의 위치에서, 그러나 하나로 연합하여 한목소리로 찬송을 부르고, 우주 안에는 평안과 기쁨과 복된 기운이 넘칩니다.

예수의 성육신으로 하늘, 땅, 사람 사이의 이러한 복된 기운이 가능하게 됩니다. 그리스도는 본래 하나님의 로고스로서 하나님과 같은 본질, 같은 존엄을 가지고 있습니다. 그리고 만물이 창조될 때의 '첫 번째 형상'이며 만물이 모두 그로 말미암아 만들어진 것입니다. 그러나 하나님의 신비한 사랑과 능력으로 예수님은 육신이 되었고 베들레헴의 구유에 강생하셨습니다.

이 땅에서 사신 예수님은 그 안에 완전한 신성(神性)을 가짐과 동시에 완전한 인성(人性)도 가졌습니다. 그의 몸에서 하늘, 땅, 사람은 하나가 되어 각자의 복을 누리는데 하늘에는 영광이 있고 땅에는 평안이 있으며 사람에게는 기쁨이 있습니다.

하늘과 땅이 하나로 합쳐지고 사람은 그 가운데서 기쁨을 누리는 것은 천지 창조 이후, 특히 인간이 원죄를 범하여 아담과 하와가 에덴 동산에서 추방된 후 창조와 역사를 관통하는 소망의 한 줄기가 되었습니다. 사람들은 끊임없이 하늘로부터 내려오는 은혜 받기를 갈망하였습니다. 아브라함은 부르심을 받고 약속의 땅으로 향하는 중에 이르는 곳마다 모두 여호와께 제단을 쌓고 여호와의 이름을 불렀습니다(창 12:8). 야곱의 일생을 보면 그는 항상 다른 곳에서 하나님을 만났습니다. 벧엘에서는 천사가 하늘 사닥다리를 오르내리는 것을 보았고, 브니엘에서는 하나님과 '대면'하여 보았습니다.

모세가 미디안으로 도망갔을 때 호렙산에서 불꽃 가운데 나타나신 하나님의 부르심을 경험하였습니다. 이스라엘을 이끌고 출애굽할 때는 모든 민족이 시내산에서 하나님이 이 땅에 나타나심을 간증합니다. 하나님은 모세와 이스라엘을 위하여 언약궤와 성막 만드는 방식을 선포하셔서 그 후부터는 성막이 '이동하는 시내산'이 되었습니다. 성막은 하늘과 땅이 만나는 곳이며, 이 땅의 사람은 성막 안에서 하나님께서 명령하신 제사를 드림으로 하늘로부터 오는 죄 사함의 은혜를 받습니다.

이스라엘 백성은 약속의 땅에 들어간 후 솔로몬 시대에 이르러 마침내 시온에 성전을 건축합니다. 솔로몬은 성전 봉헌 기도 중에서 하나님께 다음과 같이 기도합니다.

"내가 참으로 주를 위하여 계실 성전을 건축하였사오니 주께서 영원히 계실 처소로소이다"(왕상 8:13).

성전은 하늘과 땅이 만나는 장소로서 사람이 그 속에서 하나님이 주시는 기쁨을 누리는 곳입니다. 성전은 이 땅에서의 '배꼽'이라고 불리우며 땅 위의 사람들이 성전에서 드리는 기도를 하나님께서 들으십니다. 마치 솔로몬이 기도한 바와 같습니다.

> "주께서 전에 말씀하시기를 내 이름이 거기 있으리라 하신 곳 이 성전을 향하여 주의 눈이 주야로 보시오며 주의 종이 이곳을 향하여 비는 기도를 들으시옵소서 주의 종과 주의 백성 이스라엘이 이곳을 향하여 기도할 때에 주는 그 간구함을 들으시되 주께서 계신 곳 하늘에서 들으시고 들으시사 사하여 주옵소서"(왕상 8:29-30).

시편의 많은 부분에서 성전에 대해 노래하기를, 성전은 뭇 천사들이 여호와께 영광을 드리는 장소이기도 합니다.

> "너희 권능 있는 자들아 영광과 능력을 여호와께 돌리고 돌릴지어다 여호와께 그의 이름에 합당한 영광을 돌리며 거룩한 옷을 입고 여호와께 예배할지어다"(시 29:1-2).

성전은 뭇 사람들이 이 땅에서 평안과 기쁨을 누리는 삶의 자리입니다.

> "하나님이여 주의 인자하심이 어찌 그리 보배로우신지요 사람들이 주의 날개 그늘 아래에 피하나이다 그들이 주의 집에 있는 살진 것으로 풍족할 것이라 주께서 주의 복락의 강물을 마시게 하시리이다 진

실로 생명의 원천이 주께 있사오니 주의 빛 안에서 우리가 빛을 보리이다"(시 36:7-9).

또한 성전은 사람이 그 안에서 평안과 기쁨을 얻는 영혼의 보금자리입니다.

"군대가 나를 대적하여 진 칠지라도 내 마음이 두렵지 아니하며 전쟁이 일어나 나를 치려 할지라도 나는 여전히 태연하리로다 내가 여호와께 바라는 한 가지 일 그것을 구하리니 곧 내가 내 평생에 여호와의 집에 살면서 여호와의 아름다움을 바라보며 그의 성전에서 사모하는 그것이라"(시 27:3-4).

구약 전통으로 우리가 누가복음을 이해한다면 예수가 태어날 때 그 목자들과 천군 천사들이 함께 '영광의 찬가'를 부르는 의미를 바로 알 수 있습니다. 그리스도가 성육신하셨으니 그리스도의 몸이 곧 '하나님의 성전'입니다(요 2:18-21). 그리스도의 육신이 나타났을 때 목자와 천군 천사가 함께 "지극히 높은 곳에서는 하나님께 영광이요 땅에서는 하나님이 기뻐하신 사람들 중에 평화로다"라고 찬송을 불렀습니다. 이것은 구약에서 성막 예배 중에 하늘, 땅, 사람이 서로 연합하고 교통하며 각자가 모두 완전한 경지에 이르렀을 때의 모습과 대응되는 상황입니다.

오늘날의 우리가 비록 누가복음 속의 목자들처럼 갓 태어난 예수의 옆에 서서 '영광의 찬가'를 부르며 하늘, 땅, 사람이 한없는 복락에 녹아드는 것은 아니지만, 우리는 여전히 '주님께 영광을, 땅에 평안을, 사람에게 기쁨을' 주는 경지를 갈망하며 찾고 있습니다. 그렇다면 어디에서 이러한 경지를 실현할 수 있을까요? 그 해답은 바로 이것입니다. 그리스도가 부활 승천하신 후 그의 몸은 다른 형태로 이 세상에 계속하여 존재하는데 곧 교회입니다.

그리스도의 성육신을 근본으로 하여 교회는 '하늘'과 '땅'의 결합이며 인성과 신성을 겸비한 단일한 복합체입니다. 교회는 인성과 신성을 겸비하고 있고, 유형(有形)이기도 하고 무형(無形)이기도 하며, 땅 위에서 사역하기도 하고 마음을 높여 하늘을 향해 기도하기도 하며, 세상에 몸을 두고 있지만 또한 하늘 고향을 향해 갑니다(히 11:16). 교회를 그리스도의 몸이라고 하는 것은 단지 비유의 의미에 국한되지 않습니다.

교회는 그리스도를 주위에서 에워싸고 있는 것이 아니라 그리스도의 몸 안에서도 결합하여 하나가 됩니다. 그리스도는 말씀으로 모든 민족 중에서 형제자매들을 불러 자신의 신비한 몸을 이룹니다. 그리스도인들은 성찬을 통해 '그의 살을 먹고 그의 피를 마시며' 그리스도가 그리스도인 안에, 그리스도인이 그리스도 안에 있게 합니다. 그리스도는 교회의 머리이고, 교회는 그리스도의 몸이며, 그리스도와 교회는 하나의 '완전한 그리스도'를 이룹니다.

교회의 몸에서 우리는 베들레헴에 태어나셨던 그리스도를 보고, 듣고, 만질 수 있습니다. 마찬가지로, 복음서의 목자들이 처음 성육신하신 그리스도를 보면서 '영광의 찬가'를 부를 때의 차원과 똑같이 이르러 오늘날 그리스도인들도 교회 안에서 하늘, 땅, 사람이 하나가 되어 최고의 복락을 누릴 수 있습니다.

첫째로, 교회는 모든 그리스도인들이 서로 교통하는 곳입니다. 이 땅의 교회가 찬양하고 예배할 때 하늘 위의 그리스도인들도 마치 구름처럼 우리를 둘러싸고 함께 '지극히 높은 곳에서는 하나님께 영광'이라고 하나님을 높여드립니다. 교회는 예배 예식을 통해 인간 세상과 하늘 나라를 하나로 결합합니다. 다른 말로 표현하면, 땅 위의 하나님 자녀들과 하늘 나라의 천사들이 함께 영원히 멈추지 않는 찬양에 참여하는 것입니다.

둘째로, 교회는 이 땅에 화목과 평안을 주는 곳입니다. 주님의 십자가라고 하는 돛을 올리고 성령의 바람을 힘입어 이 땅에서 안정된 항해를 하는 배이자 세상 사람들을 홍수에서 구원해내는 노아의 방주와 같습니다.

셋째로, 교회는 사람들에게 기쁨을 주는 곳입니다. 하나님께서 사람들에게 은혜를 베푸시는 도구와 통로가 됩니다. 모든 그리스도인은 성령의 은사를 통해 십자가 위에서 그리스도의 구원을 얻게 됩니다. 그들은 하나님이 주신 자유를 누리는 자녀로서의 존엄을 가지고 천지의 창조주를 '아바 아버지'라고 부릅니다. 기쁨은 그리스도인의 가장 두드러진 특징입니다. 바울이 말한 바와 같습니다.

"주 안에서 항상 기뻐하라 내가 다시 말하노니 기뻐하라"(빌 4:4).

기독교 신앙 체계에서 교회는 머리가 되신 그리스도와 연결되는 하늘과 땅과 사람의 모임입니다. 이는 중국 전통의 '천하'(天下)의 개념을 포함하는 것입니다. 그리스도 안에서 세상의 모든 이들은 형제입니다.[8] 왜냐하면 "유대인이나 헬라인이나 종이나 자유인이나 남자나 여자나 다 그리스도 예수 안에서 하나이니라"(갈 3:28)고 했기 때문입니다. 더 나아가 중국 전통의 '천하'(天下) 개념을 초월합니다. 왜냐하면 여기에는 하늘에서 삼위일체 하나님과 이미 결합된 뭇 천사들과 그리스도인들도 포함되어 있기 때문입니다. 교회에서 그리스도인은 하나님을 사랑하고 이웃을 사랑하는 '인자'(仁者)로서 하늘과 땅의 만물과 하나가 되어 성삼위 하나님 안에 연합되며 지극히 아름다운 영광과 평안과 기쁨을 누립니다.

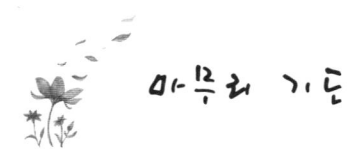

주 그리스도시여,
당신은 만세 이전에 이미 존재하신 하나님의 로고스입니다.
그러나 하나님의 시간 안에서 우리를 위해 태어났습니다.
하늘이 환호하고 땅이 기뻐하기를 원합니다.
왜냐하면 당신이 임하셨기 때문입니다.

그리스도시여,
당신은 기쁨의 이슬로 온 땅을 적셔주셨습니다.

---

8) "四海之內皆兄弟" - 역자 주

끊임없이 우리를 보살피사 우리에게 하늘에서 내려오는 기쁨을 부어 주옵소서.

당신은 하늘과 땅 사이에 평화의 왕이십니다.
당신은 천사를 보내셔서 인류에게 평안을 선포해 주셨습니다.
간구하오니 우리를 보호해 주시사 항상 평안을 누리게 하옵소서.

그리스도시여,
당신은 이 땅에 한 그루 생명의 포도나무를 심으셨습니다.
간구하오니 끊임없이 성령을 부어주사 가지가 된 우리가 포도나무에 붙어 있으면서 당신 안에서 인애와 평화의 열매들을 맺을 수 있게 하옵소서.

아멘!

8. 내 눈이 주의 구원을 보았사오니

묵상 본문

"시므온이 아기를 안고 하나님을 찬송하여 이르되 주재여 이제는 말씀하신 대로 종을 평안히 놓아 주시는도다 내 눈이 주의 구원을 보았사오니 이는 만민 앞에 예비하신 것이요 이방을 비추는 빛이요 주의 백성 이스라엘의 영광이니이다"(눅 2:28-32).

"태초부터 있는 생명의 말씀에 관하여는 우리가 들은 바요 눈으로 본 바요 자세히 보고 우리의 손으로 만진 바라 이 생명이 나타내신 바 된지라 이 영원한 생명을 우리가 보았고"(요일 1:1-2).

묵상 질문

1. 시므온이 예수를 만났을 때 부른 찬송시에서 "주의 구원을 보았다"는 구절은 무슨 뜻일까요? 인간은 줄곧 어떤 마음으로 얼마나 하나님의 구원을 보기를 갈망하였습니까?

2. 구약의 역사에서 '주님의 구원'을 이스라엘에 어떻게 보여주셨습니까?

3. 예수의 몸에서 하나님의 구원은 어떤 새로운 단계에 들어갔습니까? "우리가 들은 바요 눈으로 본 바요 자세히 보고 우리의 손으로 만진 바" 생명의 말씀은 무엇입니까?

08일

　모세의 율법(레 12장)에 따라 새로 태어난 아기 예수는 성전에 데려가서 할례를 받습니다. 요셉과 마리아도 유대인의 의식에 따라 속죄제를 드리며 금방 출산한 어머니를 위한 성결 의례를 행하였습니다. 바로 이 장소에서 시므온은 예수를 만났고, 교회사에서 '시므온 찬가'(Nunc Dimittis)라고 부르는 유명한 찬송을 불렀습니다.

　시므온은 누구입니까? 그는 무엇을 대표합니까? 그의 찬송은 우리가 주님의 강림을 묵상하는 데 어떤 특별한 의미를 주고 있습니까? 누가복음에 의하면 시므온은 "의롭고 경건하여 이스라엘의 위로를 기다리는 자라 성령이 그 위에 계시더라"고 합니다. 찬송시에서 "이제는 말씀하신 대로 종을 평안히 놓아 주시는도다"라는 구절에 근거하여 사람들은 추측하기를, 시므온은 학덕과 연륜이 높고 '이스라엘의 위로를 기다리는' 노인이라는 것입니다.

　시므온의 찬송에는 개인적인 차원과 공동체적인 차원이 있습니다. 마음속 깊이 '하나님의 얼굴' 보기를 갈망하는 개인적인 소원을 표현하였고, 이스라엘 역사의 깊은 곳에서 '위로자'와 '구원자'를 기다리는 공동체적인 소원을 표현하였습니다.

　시므온이 마음속 깊이 개인의 영성과 공동체의 운명에서 구원에 대한 강렬한 갈망을 경험하였기에 예수를 만난 후 비로소 평화와 평안과 만족을 체험할 수 있습니다. 이런 이유로 교회 전통에서 '시므온의 찬가'는 흔히 저녁 기도에 사용됩니다. 하루의 활동을 마치고 만족함과 평안한 마음으로 꿈나라로 들어가기를 기원하는 것입니다.

하나님의 구원을 '보았다'는 것은 무엇일까요? 이것이 의미하는 바는, 어떠한 매개체도 필요 없이 얼굴과 얼굴을 맞대어 하나님의 실체를 보는 것입니다. 이는 사람의 영혼과 하나님과 뭇 천사가 생명과 사랑에서 함께 하나가 되는 것이며 궁극적이고 행복한 최고의 경지를 이루는 것입니다.

하나님의 구원을 '본다'는 것은 아담 이후로 인간의 마음속 가장 깊은 곳의 갈망입니다. 사람은 본래 하나님의 형상대로 창조되었습니다. 처음 창조되었을 때 에덴동산에 거하면서 하나님과 같이 살고 있었습니다. 그러나 최초의 아담과 하와가 하나님의 명령을 어김으로 낙원에서 쫓겨나는 운명을 맞았습니다.

그때로부터 사람의 마음은 일종의 심각한 모순에 빠지게 되었습니다. 마음 한편으로는, 자연스럽게 하나님 안에서의 안식을 찾으며 "여호와여 내가 주의 얼굴을 찾으리이다"라고 고백합니다(시 27:8). 하나님 품 안에서 안식하지 못하면 사람의 마음은 평안을 느끼지 못합니다.

또 다른 한편으로는, 쫓겨나온 이 세상에서 항상 사람의 손으로 만든 여러 우상들에게 유혹당합니다. 그러나 이런 우상의 능력으로는 하나님 앞에 나아갈 수 없습니다. 중세 시대의 유명한 신학자인 안셀무스는 인간이 처한 이러한 곤경을 다음과 같이 묘사합니다.

> 주여, 당신은 나의 하나님이시며 당신은 나의 주이시지만 나는 한 번도 당신을 본 적이 없습니다. 당신은 나를 만드시고, 그리

고 끊임없이 나를 거듭나게 하시며 내가 가지고 있는 모든 좋은 것들은 모두 당신이 나에게 주신 것이지만 나는 당신을 모르고 있습니다. 내가 만들어진 목적은 당신을 보게 하려는 것이지만 나는 이 목적에 도달할 수 있는 어떠한 일도 할 수 없습니다.

주여, 나의 하나님, 나에게 가르쳐 주시기를 간구합니다. 내가 어디에 가서 당신을 찾을까요? 어떻게 당신을 찾을까요? 어떻게 해야 당신을 찾을 수 있을까요? 주여, 만약 당신이 여기에 계시지 않는다면 나는 어디에 가야 당신을 찾을 수 있을까요? 만약 당신이 무소부재(無所不在)하시다면 나는 왜 여기서 당신을 볼 수 없을까요? 당신은 '접근할 수 없는 빛' 속에 계시다 하는데 어디가 '접근할 수 없는 빛'인가요? 나는 어떻게 해야 '접근할 수 없는 빛'에 다가갈 수 있을까요?

지극히 높으신 하나님이여, 쫓겨난 우리를 불쌍히 여기소서. 우리는 당신에게서 그렇게나 멀리 떨어져 있습니다. 우리는 당신을 보기를 갈망합니다. 그러나 당신의 얼굴은 우리와 그렇게 멀리 떨어져 있습니다. 우리는 당신과 가까이 하기를 갈망합니다. 그러나 당신이 계신 곳은 그렇게 접근할 수 없습니다. 우리는 당신을 찾기를 갈망합니다. 그러나 당신이 계신 곳이 어디인지 알지 못합니다. 우리는 당신을 만나기를 갈망합니다. 그러나 당신의 얼굴을 볼 수 없습니다.[9]

그러므로 피조된 인간이 하나님을 찾는 갈망은 하나님의 은혜를

---

9) "Proglogion" by St. Anslem, in *Liturgy of Hours*, Vol. 1, New York : Catholic Book Publishing, 1975, pp. 184-185.

위에서부터 부어주실 것과 능동적으로 나타나실 것을 간구하는 것으로 전환됩니다. 이는 안셀무스의 고백에 잘 드러나 있습니다.

"주여, 얼굴을 드셔서 우리를 보아주시고 우리의 간구를 들어주옵소서. 빛으로 우리를 비추사 우리로 당신의 본체를 볼 수 있게 하옵소서. 우리가 당신의 돌아오심을 위해 해드린 모든 수고와 노력을 긍휼히 여겨주옵소서. 당신이 없으면 우리는 아무런 힘도 없습니다. 간구하오니 우리가 어떻게 당신을 찾을지 가르쳐주옵소서. 우리가 당신을 찾을 때 우리에게 나타나 주옵소서. 당신이 우리에게 나타나 주셔야만 우리는 당신을 볼 수 있습니다. 당신에 대한 갈망 속에서 우리는 당신을 찾고 있습니다. 당신을 찾는 내내 우리는 당신을 갈망합니다. 사랑 속에서 당신을 찾고 있습니다. 당신을 만나 뵐 때 당신을 더욱 사랑하겠습니다."[10]

인간이 타락하여 하나님으로부터 떨어진 후 인간의 죄성은 자신을 각종 불의와 고난 속에 빠지게 만들었습니다. 그러나 하나님은 사랑과 연민으로 스스로 친히 인간에게 자신을 드러내시고 인류의 역사 속으로 들어오셨습니다. 하나님은 사랑으로 이 세상을 지켜주시고 은혜로 사람들을 돌아오라고 부르셨으며 자비로 범죄한 인간을 안아주셨습니다.

하나님은 아브라함을 선택하기로 작정하시고 아브라함을 통해 만 백성이 복을 받게 하셨습니다(창 12:3). 아브라함의 삶에서 하나님은

---

10) "Proglogion" by St. Anslem, in *Liturgy of Hours*, Vol. 1, New York : Catholic Book Publishing, 1975, p. 185.

여러 번 그에게 나타나셨고, 그의 삶 속에서 끊임없이 하나님의 복을 내려주셨습니다. 하나님의 일방적인 나타나심을 여러 번 경험하면서 아브라함도 하나님에 대하여 두려워하는 것이 아니라 사랑으로 친근하게 교제함을 배웠습니다. 야곱도 하나님이 수차례 만나주셨습니다. 야곱이 약속의 땅 벧엘을 떠날 때 천사들이 하늘 사다리를 오르내리는 것을 보았고, 다시 약속의 땅으로 돌아왔을 때는 브니엘에서 하나님과 대면하여 보기도 하였습니다(창 32:30).

하나님은 능동적으로 사람에게 자신을 드러내십니다. 사람과 함께 산꼭대기에 서셨던 때는 바로 이스라엘이 출애굽하는 과정이었습니다. 이스라엘을 애굽에서 해방시켜 내신 이후 하나님은 낮에는 구름기둥, 밤에는 불기둥으로 이스라엘의 광야 길을 인도하셨습니다. 시내산에서 이스라엘과 언약을 맺으실 때 청명한 하늘 아래에서 그들이 하나님을 뵙고 먹고 마시게 하셨습니다(출 24:11). 시내산을 떠나실 때 하나님은 언약궤와 성막을 설치하셔서 구름과 영광으로 성막을 가득 채우시며 항상 '이스라엘과 함께' 계셨습니다.

이러한 사건들 속에서 알 수 있듯이, 하나님은 사람의 눈으로 볼 수 있는 방식으로 자신의 구원하심을 드러내십니다. 구름이나 영광의 빛은 하나님께서 사람들과 함께 계심을 표현한 것입니다. 그러나 이러한 표현은 완전하지 않았고 두려울 만큼 거룩합니다. "사람이 자기의 친구와 이야기함같이 여호와께서는 모세와 대면하여 말씀"하실 때에도(출 33:11) 모세는 하나님께 "원하건대 주의 영광을 내게 보이소서"(출 33:18)라고 간구하였고, 모세가 얻은 대답은 이러했습니다.

"네가 내 얼굴을 보지 못하리니 나를 보고 살 자가 없음이니라…네가 내 등을 볼 것이요 얼굴은 보지 못하리라"(출 33:20-23).

하나님께서 사람에게 자신의 가장 심오한 속성을 드러내시지만 사람이 볼 수 있는 것은 오직 하나님의 뒷모습뿐입니다. 그런 미약한 인간이 하나님께 간구하는 것은 하나님의 사랑의 불꽃이 사람의 마음속에서 불타오르는 것입니다. 하나님의 얼굴을 갈망하고 하나님의 빛이 비추어지기를 갈망하고 눈으로 하나님의 영광을 보기를 갈망하던 구약 시대 선지자들의 기도는 시므온이 안고 있는 이 아기에게서 응답되었습니다.

시므온은 "내 눈이 주의 구원을 보았습니다"라고 말합니다. 시므온은 특별히 "내 눈"을 강조하는데 이는 자신이 본 "하나님의 얼굴"이 야곱이 꿈 속에서 본 것이나 아브라함이 본 하나님의 천사와 다르다는 것입니다. 말씀이 육신이 되어 사람들에게 "들은 바요 눈으로 본 바요 자세히 보고 우리의 손으로 만진 바"가 되었습니다(요일 1:1). 더 이상 사람들이 무서워하고 떠는 '하나님의 임재'가 아니고, 더 이상 '우레와 번개와 빽빽한 구름'으로 싸여 있지 않습니다(출 19:16).

성자는 우리와 똑같이 먹고 마시고, 우리와 똑같이 여러 가지 감정을 느끼면서 기뻐하시기도 하며(눅 10:21) 눈물을 흘리시기도 합니다(요 11:35). 주님께서 우리와 같은 사람이 되심은 우리도 주님과 같게 되어서 하나님의 본성을 공유하고(벧후 1:4) 성삼위 하나님의 사랑의 공동체에 들어가게 하려는 것입니다.

시므온의 찬송에는 평안과 희락과 만족이 가득 차 있습니다. 왜냐하면 시므온이 품에 안고 있는 예수는 곧 '하나님의 얼굴'이고, '접근할 수 없었던 빛'이며, 모세가 간구하였지만 보지 못했던 '영광'이기 때문입니다. 시므온은 예수를 품에 안고 하나님의 얼굴을 보고 있으며 하나님의 사랑, 연민과 능력을 느끼고 있습니다.

본래 하나님의 위대함과 기묘함은 비할 바 없는 영광이며, 그 누군가가 보지 못하였다 하더라도 여전히 존재하는 것입니다. 그러나 하나님의 사랑과 능력은 "사람으로는 할 수 없으되 하나님으로는 그렇지 아니하니 하나님으로서는 다 하실 수 있"기에(막 10:27) 사람의 눈에 보이고 귀에 들리며 손에 만져지는 하나님이 되셔서 하나님을 경외하는 사람에게 은혜로 주셨습니다. 이것이 얼마나 큰 기쁨이시고 평안입니까?

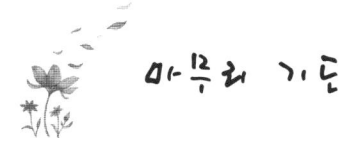
마무리 기도

하늘에 계신 주여,
여기서 주의 강림을 기다리고 있는 우리는 당신을 찬미합니다.
당신은 보이지 않는 참빛이시고, 세상을 창조하신 참신이십니다.
우리를 구속하시기 위하여 주님은 사람으로 강생하셨으며 우리로 하여금 주님을 보게 하셨고 따르게 하셨습니다.

하늘에 계신 주여,
주의 얼굴을 우리에게 비춰주셔서 은혜 베풀어 주시기를 간구합니다.

우리에게 주님의 얼굴을 돌리사 우리에게 평안을 내려주옵소서.
우리로 하여금 주의 빛 가운데서 오늘 순간순간 시간마다 평안하게 하시고 당신을 섬기게 하옵소서.

하늘에 계신 주여,
우리에게 나타나셔서 모든 일과 모든 사물 속에서 언제나 당신을 찾고, 당신을 보고, 당신의 뜻을 알게 하옵소서.

주님은 시므온과 모든 의로운 사람들이 기대하는 세상의 빛입니다.
간구하오니 이른 아침의 햇볕같이 높은 하늘에서 우리를 비추사 우리의 발걸음이 평안의 길로 인도받게 하옵소서.

아멘!

9. 이름을 예수라 하라

묵상 본문

"천사가 이르되 마리아여 무서워하지 말라 네가 하나님께 은혜를 입었느니라 보라 네가 잉태하여 아들을 낳으리니 그 이름을 예수라 하라 그가 큰 자가 되고 지극히 높으신 이의 아들이라 일컬어질 것이요 주 하나님께서 그 조상 다윗의 왕위를 그에게 주시리니 영원히 야곱의 집을 왕으로 다스리실 것이며 그 나라가 무궁하리라"(눅 1:30-33).
"영접하는 자 곧 그 이름을 믿는 자들에게는 하나님의 자녀가 되는 권세를 주셨으니"(요 1:12).

묵상 질문

1. 천사는 이름을 '예수'라 하라고 했는데, 이 이름의 의미가 어떻게 그 사명을 미리 보여줍니까?

2. 왜 예수라는 이름이 '모든 이름 위에 뛰어난 이름'이라고 합니까?

3. 우리가 기도할 때 어떻게 예수의 이름을 불러야 합니까? 예수의 이름으로 드리는 기도는 우리의 삶을 어떤 식으로 성화시킵니까?

09일

　　말씀이 성육신이 되었음은 하나의 학설이 아니라 하나의 진실한 사건입니다. 이 사건으로 인해 모든 사람이 하나의 특정하고 생생한 관계 속으로 들어가게 됩니다. 이는 하나님과 인간이 직접적으로 '대면'하는 관계입니다. 왜냐하면 이 관계의 한 끝은 하나의 구체적인 이름이기 때문입니다. 하나님은 사랑이시며 이 사랑의 이름은 바로 예수입니다.

　　이름은 그냥 기호로만 이뤄진 것이 아닙니다. 이스라엘의 관념 속에서 사람의 이름과 그의 전반적인 삶 자체에는 밀접한 관계를 가지고 있습니다. 한 사람의 존재에는 그의 특성과 능력, 그의 사명과 사역이 포함되어 있으며, 모두 다 어떤 방식으로든 그의 이름 안에 존재하고 있습니다.

　　그러므로 이름으로 사람을 드러내는 것은 일종의 특수한 관계를 의미합니다. 따라서 일종의 피차 호응하는 관계 안에 들어가게 됩니다. 히브리 전통에 따르면, 이름은 곧 한 사람의 전 존재입니다. 한 사람의 명의로 어떤 일을 하거나 그의 이름을 부른다는 것은 매우 중대하고 결정적인 의미를 가진 일입니다. 한 사람의 이름을 부른다는 것은 곧 그로 하여금 어떤 시공간에 구체적으로 임하게 초대하는 것입니다.

　　누가복음에는 이 이름이 어떻게 처음으로 언급되는지 기록하고 있습니다. 이것은 사람의 뜻으로 된 것이 아니고 사람의 입으로 부른 것이 아닙니다. 이는 천사가 선포한 것이고 우주의 가장 깊은 곳에 감추어져 있던 그 뜻으로 된 것입니다. 아직 잉태되기 전에 이미 이 이름은 있었습니다. 다시 말하면 창세 이전에 이미 이 이름은 있었습니다. 왜냐하면 이는 하나님이 세상을 창조하기 전에 이미 정하신 뜻이기 때문입니다. 에베소서에서 말씀하신 바와 같습니다.

> "곧 창세 전에 그리스도 안에서 우리를 택하사 우리로 사랑 안에서 그 앞에 거룩하고 흠이 없게 하시려고 그 기쁘신 뜻대로 우리를 예정하사 예수 그리스도로 말미암아 자기의 아들들이 되게 하셨으니"(엡 1:4-5).

이 이름은 하나님께서 세상을 운영하는, 드러나지 않던 의지가 명명백백하게 나타나게 하였습니다. 이 이름 안에는 하나님의 계시가 최고봉에 도달하게 하였고 하나님의 전반적인 구속사를 종합하였습니다.

'예수'라는 단어는 히브리어 의미가 '하나님의 구원'입니다. 천사는 이어지는 선포에서 이스라엘의 역사에 뿌리를 두고 있는 단어들로 예수의 신분과 사명을 더욱 구체적으로 말합니다. 여기에는 두 가지 구체적인 신분이 포함됩니다. '야곱 집의 왕' 그리고 '다윗의 왕위'라는 신분입니다. 또 두 가지 더욱 숭고하고 보편적인 사명을 포함합니다. '지극히 높으신 이의 아들'로 칭송되며 '무궁한 나라'를 세우는 것입니다.

앞의 두 가지는 예수가 하나님이 구약에서 아브라함, 야곱과 다윗 등 선조들과 이스라엘과 맺은 언약을 실현할 것이고, 왕의 신분으로 이 땅에서 어떠한 노역도 없는 자유와 평화의 왕국을 세울 것임을 강조합니다. 뒤의 두 가지는 예수가 백성들을 죄악 중에서 구원해 내실 것과 '하나님의 아들'이라는 신분으로 사람들의 죄를 사하여 주실 것이라는 깊은 뜻을 나타냅니다. 예수의 탄생을 통해 신성과 인성이 결합되는 목적은 뭇사람들의 인성이 신성과 결합되어 '하나님의 자녀'가 되게 하려는 것입니다. 예수는 죄악이 없고 사망이 없는 영원한 나라를 가져올 것입니다.

'예수'는 구원을 가져다줄 수 있는 유일한 신성한 이름입니다. 이 이름은 인간의 마음 깊은 곳에서 줄곧 기다려 왔던, 그리고 이제 구체화된 이름으로써 하나님을 부르는 갈망을 반영합니다. 아담과 하와가 에덴 동산에서 쫓겨난 이후로 사람들은 다시금 '하나님의 얼굴' 보기를 갈망하며 하나님의 이름을 부르며 간구해왔습니다.

궁극적인 존재에 대한 의식은 항상 인간들의 마음에 각인되어 있기에 인간들은 서로 다른 종교와 문화 속에서, 혹은 예배나 기도나 찬양과 같은 각종 신앙과 행동에 의지하여 그 우주적 궁극적인 실재에 대해 탐색해 왔습니다.

그러나 하나님은 오직 한 이름를 부르는 방식으로만 자신을 계시하십니다. 인간들이 하나님께서 세상 가운데서 역사하심으로 부여한 이 이름의 참된 의미를 깨닫고 나서 비로소 하나님을 부를 수 있게 되었고, 사람과 하나님 사이에 '얼굴과 얼굴을 대면'하는 살아 있는 관계를 이룰 수 있게 되었습니다.

아브라함은 하나님의 부르심을 받고 약속의 땅으로 떠나 하나님께서 이 세상을 구원하시는 하나의 새로운 단계를 열게 됩니다. 아브라함, 이삭과 야곱과 같은 선조들의 시기에는 하나님께서 오직 '전능한 하나님'의 모습으로만 자신을 드러내셨고, "이름을 여호와로는 그들에게 알리지 아니하였습니다"(출 6:3). 하나님이 이스라엘의 역사에 개입하시고 이스라엘을 애굽에서 해방시키시며 시내산에서 이스라엘을 거룩한 하나님의 백성으로 세우실 그때가 되어서야 모세의 간절한 요청에 응답하시어 모세와 이스라엘에게 하나님의 거룩한 이름을 계시하셨습니다.

> 모세가 하나님께 아뢰되 "내가 이스라엘 자손에게 가서 이르기를 '너희의 조상의 하나님이 나를 너희에게 보내셨다' 하면 그들이 내게 묻기를 그의 이름이 무엇이냐 하리니 내가 무엇이라고 그들에게 말하리이까" 하나님이 모세에게 이르시되 "나는 스스로 있는 자이니라" 또 이르시되 "너는 이스라엘 자손에게 이같이 이르기를 '스스로 있는 자가 나를 너희에게 보내셨다' 하라." 하나님이 또 모세에게 이르시되 "너는 이스라엘 자손에게 이같이 이르기를 '너희 조상의 하나님 여호와 곧 아브라함의 하나님, 이삭의 하나님, 야곱의 하나님께서 나를 너희에게 보내셨다' 하라 이는 나의 영원한 이름이요 대대로 기억할 나의 칭호니라"(출 3:13-15).

이 말씀은 스스로 계시고 영원히 계시는 하나님께서 처음으로 인간들에게 자신의 특별한 이름을 계시하신 것입니다. 이 이름으로 하나님은 이스라엘 자손들과 일대일의 관계를 이루셨습니다. 이후로부터 이스라엘의 역사 속에서 전개되는 구속과 계시의 역사는 모두 다 '여호와'라는 이름을 위하여 실질적인 의미를 부여받게 됩니다. 이 거룩한 이름은 하나님의 백성들이 구원을 얻는 원천이며 죄 사함을 받는 근거입니다. 이는 시편 79편 9절에 하신 말씀과 같습니다.

"우리 구원의 하나님이여 주의 이름의 영광스러운 행사를 위하여 우리를 도우시며 주의 이름을 증거하기 위하여 우리를 건지시며 우리 죄를 사하소서."

여호와라는 이 이름은 이 땅에 사는 사람들의 마음속 부르짖음이 하늘로 닿을 수 있는 유일한 통로입니다. 예루살렘 성전도 '여호와 이스라엘의 하나님의 이름'이 거하는 처소입니다. 이스라엘의 역사에서 여호와의 이름은 타오르는 불길과 '우뢰와 번개와 구름' 속에서 이스라엘에게 계시하였습니다. 그는 구원의 근원이며 그의 크신 권능과 거룩함은 어떤 사람도 어떤 방식으로도 모독할 수 없습니다.

십계명에 곧 그 규정이 있는데 여호와의 이름을 망령되게 부르지 말라는 것입니다. 이스라엘 사람들은 심지어 인간의 불결한 입에 그 이름을 올릴 수 없다고 믿었습니다. 그래서 그 이름을 부를 때 '주님'(Adonai)이라는 단어로 바꾸어 부릅니다. 나중에는 심지어 '주님'이라는 이름도 부를 수 없고 그 대신 '거룩한 이름'(The Name)이라고 하였습니다.

이스라엘 제사 전통에서는 오직 해마다 속죄일에만 대제사장이 지성소에 들어가 희생제물의 피를 언약궤 위의 속죄소[施恩座]에 뿌릴 때 단 한번 '여호와'라는 거룩한 이름을 부를 수 있습니다. 이렇게 "이스라엘 자손의 부정과 그들이 범한 모든 죄"가 사함을 받습니다(레 16:15-16).

이러한 구약의 전통에서 출발해서 살펴보아야 우리는 하나님의 때가 찬 후에 천사를 보내어 인간에게 '예수'라는 거룩한 이름을 선포하신 의미를 깨달을 수 있습니다. 끊임없이 범죄하고 배역하는 인간에게 "여호와는 자비롭고 은혜롭고 노하기를 더디하고 인자와 진실이 많은 하나님이라"(출 34:6)고 말씀하십니다. 하나님은 최후에 당신의 성자를 이 땅에 강생시킴으로 구원을 베푸십니다. '예수'라는 이름은 하나님께서 직접 강림하심을 표명합니다.

하나님의 이름이 성육신하신 아들의 몸에서 드러나서 하나님의 구원 사역은 새로운 단계에 들어섭니다. 이 이름이 가지고 있는 의미는 곧 '하나님의 구원'으로써, 예수의 탄생, 전도, 수난과 부활 사역 가운데 드러납니다. 이 이름이 전달하는 신성은 더 이상 어둠 속에 감추어지지 않고, 더 이상 사람들에게 두려움이 되지 않으며, 오히려 사람들에게 "들리고 보이고 직접 손으로 만질 수 있는" 친절한 하나님이 되셨습니다. 예수라는 이름을 통해 사람과 하나님 사이에 '내가 네 안에, 네가 내 안에'라는 친밀한 관계를 이루었습니다.

예수는 나사렛 사람의 이름이지만 이 또한 "모든 이름 위에 뛰어난 이름"입니다(빌 2:9). 인간의 궁극적인 실재에 대한 추구는 이스라엘이 하나님과 친밀하고 '얼굴과 얼굴을 대면'하는 관계에 대한 갈망이며, 이 모두가 이 이름 속에 농축되어 있습니다. 예수 이름은 신성과 인성의 결합을 표명하여 사망의 어두운 그늘에 앉아 있는 백성들에게 빛이 됩니다.

그리고 예수 이름은 성부의 뜻이라고 천사의 입으로 선포되었으나, 이 이름으로 말미암아 사람이 성부 하나님 앞에 나아갈 수 있습니다. 이는 한 사람의 이름이지만 구약 시대 사람들이 여호와께 부르짖으며 구하였던 모든 것을 담고 있습니다. 이 이름은 보편적이고 또한 실질적으로 이 땅의 모든 죄를 구속하시며, 유일하게 구원을 가져다주실 거룩한 이름입니다.

그리스도인의 신분은 예수라는 이 거룩한 이름에 대한 인정으로부터 시작됩니다. 이들은 모두 주 예수 그리스도의 이름과 우리 하나님의 성령 안에서 씻음과 거룩함과 의롭다 하심을 받았습니다(고전 6:11). 그리스도인들이 그들의 생명 속에 풍성한 열매를 맺음은 예수의 이름으로 끊임없이 하나님께 간구한 결과입니다. 왜냐하면 "내 이름으로 아버지께 무엇을 구하든지 다 받게 하려" 하셨기 때문입니다(요 15:16). 예수의 거룩한 이름을 부르짖음은 성스러운 의식적인 특징을 지니고 있습니다. 즉 느낄 수 있는, 입술로 낼 수 있는 소리 안에서 하나님은 형태가 없이 임하시고 행동하십니다.

교회의 예배 의식에서 '예수님의 이름으로'는 통상적으로 예배 기도의 시작이나 마칠 때 쓰입니다. 예수의 거룩한 이름은 그리스도인의 기도에서 핵심입니다. '예수'를 부름으로 마음속으로 간구하는 하나님이 하나가 됩니다. 오직 '예수'라는 이 이름 안에만 이 이름이 의미하는 하나님의 임재가 포함됩니다. 예수의 이름을 부르는 모든 사람은 곧 인간으로 태어나시고 사람을 사랑하셔서 자신을 봉헌하신 성자를 영접하는 것입니다.

예수의 거룩한 이름을 부르는 것을 중심으로 지상 교회는 하나의 특별한 기도 전통을 발전시켜 왔는데 이는 곧 '예수 기도문'(Jesus Prayer)입니다. 이는 복음서에 기록된 사람들이 예수의 이름을 부르면서 드린 기도입니다. 누가복음 18장 38절의 "다윗의 자손 예수여, 나를 불쌍히 여기소서", 18장 13절의 "하나님이여, 불쌍히 여기소서. 나는 죄인이로소이다", 그리고 마태복음 20장 30-31절의 "주여, 우리를 불쌍히 여기소서. 다윗의 자손이여"입니다.

이 기도들을 종합하면 이러한 기도문이 형성됩니다. "주 예수 그리스도여, 하나님의 아들이여, 죄인인 나를 불쌍히 여기소서." 혹은 심령을 더욱 집중해서 더 간단히 한다면 이렇게 됩니다. "주 예수 그리스도여, 나를 불쌍히 여기소서."

예수의 거룩한 이름이 핵심인 이 다섯 마디의 기도문은 기독교 신앙의 완벽한 결정체입니다. 불쌍히 여긴다는 것은 곧 사랑입니다. 신이시며 동시에 인간인 예수를 간구함을 통하여 예수님의 사랑이 하나님과 타락한 인간 사이의 깊은 골짜기에 다리를 놓았습니다. "불쌍히 여기소서"라는 고백은 도움을 전혀 받지 못하는 상황에서의 울부짖음인 동시에 희망을 가득 품은 외침이기도 합니다. 이 기도문은 진실하게 자신을 직면하고 죄의 현실을 고백하게 합니다.

또한 '매일매일 새롭게 됨'에 대한 소망을 표현하고 죄에 대한 사면을 부르게 합니다. 이는 낙관적인 현실주의입니다. 우리가 비록 아직도 죄인이지만 한량없는 하나님의 영광 속에서 여전히 용납되고 갱신되며 건져주심을 믿게 해 주십니다. 이 기도문은 우리의 소망을 표현할 뿐만 아니라 동시에 우리가 예수 안에 이미 받아들여졌다는 사실을 인정하도록 합니다.

그러므로 예수 기도문은 마지막으로 이렇게 요약할 수 있습니다. "나의 예수!" 여기에는 회개의 부르심뿐만 아니라 우리의 죄를 용서하시고 하나님 자녀의 신분을 회복하였다는 보증마저 포함되어 있습니다. 아름다운 예수의 이름을 부르는 것은 우리와 주님 사이의 사랑의 관계를 표시하며, 주님이 우리를 구원하시는 시작이 됩니다. 이 또한 하나님께서 끊임없이 하나님의 성령을 보내셔서 우리 안에 들어오시고 우리에게 힘을 더하시며 우리를 성화시키시는 시작입니다.

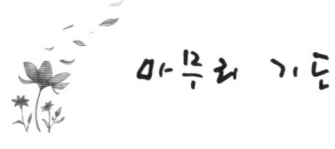

마무리 기도

위대하신 주님,
당신은 거룩한 이름으로 만물을 창조하셨고, 만물을 보호하시며, 만물을 은혜로 대하십니다. 주께 간구하오니, 당신의 거룩한 이름으로 우리의 고통을 돌보아 주옵소서.

자비하신 주님,
주님은 주의 백성들에게 거룩한 이름을 계시하시면서 주께서 곧 영원한 "나다"라고 하셨습니다. 간구하오니 주의 신실함과 사랑이 영원히 우리와 함께하게 하옵소서.

인자하신 주님,
당신은 천사를 보내셔서 구원의 이름인 예수를 사람들에게 계시하셨습니다.
간구하오니 우리가 예수님의 거룩한 이름을 의지하여 부르짖게 하시고, 당신의 성령이 우리 안에 들어오게 하시며, 우리를 치유하여 주옵소서.

주 예수여,
당신은 천지간에 만왕의 왕이십니다. 간구하오니 당신의 거룩한 이름을 향하여 부르짖는 우리의 외침을 들어주시고, 우리를 당신의 영광의 왕국으로 받아주옵소서. 아멘!

10. 애굽으로 피하라

묵상 본문

"그들이 떠난 후에 주의 사자가 요셉에게 현몽하여 이르되 헤롯이 아기를 찾아 죽이려 하니 일어나 아기와 그의 어머니를 데리고 애굽으로 피하여 내가 네게 이르기까지 거기 있으라 하시니 요셉이 일어나서 밤에 아기와 그의 어머니를 데리고 애굽으로 떠나가"(마 2:13-14).
"시므온이 그들에게 축복하고 그의 어머니 마리아에게 말하여 이르되…또 칼이 네 마음을 찌르듯 하리니"(눅 2:34-35).

묵상 질문

1. 성육신하신 예수님은 세상의 어떤 죄악과 고난을 직면하셨습니까? 악과 어둠 앞에서 진실한 인성의 예수님은 고난에 어떻게 대비하셨습니까?

2. 예수님이 태어나자마자 겪은 이 애굽 도피는 이 세상에 오신 그의 사명을 어떻게 예시합니까? 이는 그리스도가 나중에 받으실 고난과 죽음을 어떻게 예시합니까?

3. 예수의 제자로서 우리는 예수님의 이 사명에 어떻게 참여하고 배워야 합니까?

10일

　　　　　　성탄의 기쁨, 평안, 찬미의 전반적인 분위기에서 이 몇 구절의 성경 말씀은 매우 특별한 의미가 있습니다. 교회 전통 신학에서는 이 성경 구절들을 각각 '마리아가 예수 죽음에 대한 예언을 들음'과 '애굽으로 도피함'이라는 주제로써 마리아의 일곱 상처 중의 두 가지라고 합니다. 예수 탄생 때의 기록인 이 두 구절이 가리키는 것은 예수님이 나중에 이 땅에서 받으실 고통과 죽음입니다. 미약하고 담담한 방식으로 예수 그리스도가 이 땅에서 겪게 될 가장 중요한 두 시점, 즉 생(生)과 사(死)를 하나로 연결시킵니다. 이는 사람들로 하여금 성탄일을 경축하는 기쁨과 광명 중에 은은히 다가올 수난일의 고난과 어둠을 느끼게 합니다.

　　이 두 단락의 성경 구절은 우리에게 다음과 같은 질문을 합니다. 말씀이 육신이 되신 그리스도는 이 세상의 어떤 죄악과 고난을 직면하십니까? 세상 사람들과 함께 고난을 받으시기 위하여 그리스도는 그의 신성을 어떻게 감추십니까? 악과 어둠 앞에서 진실된 인성의 그리스도는 어떻게 고난을 겪으십니까?

　　예수 탄생을 증거하는 복음서의 다른 구절들과 마찬가지로 '애굽으로 도피'하는 기록 역시 구약적인 요소들로 가득합니다. 이 사건은 구약의 하나님의 계시와 연관시켜야만 더욱 정확하고 깊게 이해할 수 있습니다. 관련된 구약 이야기는 크게 두 가지가 있습니다. 첫 번째는 출애굽기 1장 15절부터 2장 10절의 이야기입니다.

"애굽 왕이 히브리 산파 십브라라 하는 사람과 부아라 하는 사람에게 말하여 이르되 '너희는 히브리 여인을 위하여 해산을 도울 때에 그 자리를 살펴서 아들이거든 그를 죽이고 딸이거든 살려두라'…레위 가족 중 한 사람이 가서 레위 여자에게 장가들어 그 여자가 임신하여 아들을 낳으니 그가 잘 생긴 것을 보고 석 달 동안 그를 숨겼으나 더 숨길 수 없게 되매 그를 위하여 갈대 상자를 가져다가 역청과 나무 진을 칠하고 아기를 거기 담아 나일강 가 갈대 사이에 두고…바로의 딸이…그의 이름을 모세라 하여…"

두 번째는 예레미야 31장 15절입니다.

"여호와께서 이와 같이 말씀하시니라 '라마에서 슬퍼하며 통곡하는 소리가 들리니 라헬이 그 자식 때문에 애곡하는 것이라 그가 자식이 없어져서 위로 받기를 거절하는도다.'"

이 두 곳의 성경 구절들은 모두 이스라엘 역사에서 민족적인 대재앙을 묘사합니다. 앞의 이야기는 이스라엘이 애굽에서 종살이할 때 바로가 민족 말살을 위하여 이스라엘의 모든 남자 아기들을 죽이려 했던 이야기입니다. 이 무도한 살육 속에서 모세는 여러 여인들의 보호를 받아 살아났으며 나중에 이스라엘을 이끌고 애굽을 탈출합니다.

뒤의 이야기는 예레미야 선지자 시대에 앗수르 왕국이 북이스라엘을 공략하여 이스라엘이 망하고 후손이 멸절되는 상황에서 예레미야 선지자가 북이스라엘을 위해 울고 있는 이야기입니다. 창세기에서 알 수 있듯이 라헬은 요셉의 어머니이고, 요셉은 북방의 두 핵심 지파 즉 므낫세와 에브라임의 아버지입니다. 다시 말해 요셉은 북이스라엘을 대표합니다. 따라서 라헬이 자식들을 위해 운다는 것은 고난 속의 한 어머니를 의미하고, 북이스라엘의 멸망 때문에 통곡하는 것입니다.

이렇게 예수가 태어난 지 얼마 안 되어 요셉과 마리아는 부득이 아기 예수를 안고 애굽으로 도피합니다. 베들레헴 성과 주변의 모든 남자 아기들이 죽임을 당한 것과 모든 이스라엘의 남자 아기들이 바로에게 죽임을 당한 사건, 북이스라엘이 앗수르 제국에게 학살되고 유랑한 사건, 그리고 예수님이 나중에 십자가에 못 박혀 죽으신 사건은 우리가 성육신을 이해하는 데 필요한 하나의 기본적인 사실을 구성합니다.

즉, 성자는 죄악과 폭력과 살육이 충만한 세상에 들어오셨다는 것입니다. 성육신하심은 사망의 음침한 골짜기에 앉아 있는 사람들에게 희망과 빛을 가져다주지만, 자신을 위험한 처지에 내놓으셨다는 의미이기도 합니다.

인간의 죄악이 끊임없이 각종 '우상'을 만들어내어 자기를 다른 사람 혹은 세상의 주재자로 만들려 하고 마귀의 각종 유혹에 굴복하기에 이 세상은 계속 잔인하고 난폭한 가운데 처해 있습니다. 로마서 3장 13-16절의 말씀과 같습니다.

> "그들의 목구멍은 열린 무덤이요 그 혀로는 속임을 일삼으며 그 입술에는 독사의 독이 있고 그 입에는 저주와 악독이 가득하고 그 발은 피 흘리는 데 빠른지라 파멸과 고생이 그 길에 있어."

말씀이 육신이 되어 이 세상에 오신 성자는 마리아와 요셉과 같이 난민이 되셨습니다. 성경의 기록처럼 팔레스타인과 애굽 사이에는 역사가 유구한 도피 전통이 있습니다. 대기근의 때에 팔레스타인에 살던 야곱과 그의 아들들은 애굽으로 도망갔습니다. 바로가 수배령을 내려 죽이고자 할 때에 모세는 미디안으로 도망갔습니다. 여로보암은 반역에 대한 솔로몬의 응징을 피해 애굽으로 도망갔습니다.

헤롯의 대학살을 피해 도피했던 이스라엘 사람들은 적지 않았을 것입니다. 예수 일가도 보따리를 들쳐 메고 목숨을 부지하기 위하여 도망하는 난민들 중에 함께 섞여 있었습니다. 성자는 난민들 중에서 아주 미천한 신분으로 그들과 함께 고난을 겪고 있었습니다.

그러므로 나중에 예수님이 전도하실 때 어떤 사람이 이렇게 물었던 적이 있습니다. "주여, 우리가 어느 때에 주께서 주리신 것을 보고 음식을 대접하였으며 목마르신 것을 보고 마시게 하였나이까? 어느 때에 나그네 되신 것을 보고 영접하였으며 헐벗으신 것을 보고 옷 입혔나이까? 어느 때에 병드신 것이나 옥에 갇히신 것을 보고 가서 뵈었나이까?" 그때 예수님은 이렇게 답하십니다.

"내가 진실로 너희에게 이르노니 너희가 여기 내 형제 중에 지극히 작은 자 하나에게 한 것이 곧 내게 한 것이니라"(마 25:40).

예수님이 난민이었던 적이 있다는 사실은 우리에게 난민들의 얼굴에서 성자의 빛을 보고 가장 가장자리에 처해 있는 사람들의 몸에서 그리스도를 보라고 일깨워줍니다.

헤롯은 베들레헴 주변의 남자아이들을 "두 살부터 그 아래로 다

죽이니", 이 분별없는 학살을 통해 죄악의 잔혹함과 고난의 참혹한 현실을 살펴볼 수 있습니다. 그러나 하나님의 아들은 무당과 같은 법술로 죄악과 고난을 제거하는 것이 아니라, 친히 진실하신 인성(人性)으로 사랑하는 백성들과 함께 고난을 겪습니다. 마치 이스라엘이 애굽인들의 핍박을 받을 때 여호와가 모세에게 하는 말씀과 같습니다.

> "내가 애굽에 있는 내 백성의 고통을 분명히 보고 그들이 그들의 감독자로 말미암아 부르짖음을 듣고 그 근심을 알고 내가 내려가서 그들을 애굽인의 손에서 건져내고 그들을 그 땅에서 인도하여 아름답고 광대한 땅, 젖과 꿀이 흐르는 땅…에 데려가려 하노라"(출 3:7-8).

갓 태어난 예수님은 보고 들었을 뿐만 아니라 온 몸과 마음으로 피난의 고통을 겪으셨습니다. 최후에 예수님은 자신의 목숨까지도 전부 버리시고 십자가 위에 자신을 드려서 인간들을 위하여 사망의 고통을 감당하셨습니다.

예수님이 태어나자마자 겪은 이 도피 생활은 그가 인간의 생명으로 죄악의 어두운 세계와 싸울 것을 예표합니다. 성탄의 영광과 기쁨 중에서 우리는 이 어두운 세계의 기운을 감지하게 됩니다. 그리고 예수님이 전도를 시작한 후 이 어두움의 세력은 갈수록 커지고 마지막에 이르러 이 세상에 의해 그가 십자가에 못 박혀 죽어가는 고통이 "제육시로부터 온 땅에 어둠이 임하여 제구시까지 계속"됩니다(마 27:45).

이 어두운 세력의 근원은 무엇입니까? 그 근원은 사탄 마귀가 최초의 사람에게 했던 유혹이며, 더욱이 인성의 연약함으로 유혹에 굴복하는 데에 있습니다.

첫 사람 아담의 원죄는 사람들로 하여금 사망 권세를 잡고 있는 마귀의 노예로 전락시켰습니다. 한 세대 한 세대의 사람들은 자신들이 지은 죄로 말미암아 이 노예의 국면을 더욱 악화시켰고, 세상이 전체적으로 죄의 노예라는 곤경 속에 빠지게 하였습니다. 예수님이 부득이 애굽으로 피난 가신 것은 "온 세상은 악한 자 안에 처한"(요일 5:19) 현실을 반영합니다. 동시에 모든 그리스도를 본받기로 하는 사람들에게도 깨우침을 줍니다. 즉 인생은 곧 전쟁이라는 것입니다.

인류 역사의 전반부를 보면 고대 시대부터 시작하여 이는 어둠의 세력을 감당하며 대항하는 악전고투였습니다. 사람이 이 전쟁터에서 산다면 반드시 끊임없이 전투를 치러야 합니다. 이 전쟁 속에서 하나님의 은혜를 간구하고 의지하며 시시각각 '그리스도의 마음'을 기억하고 성령 안에서 자유와 지혜의 힘을 공급받아야만 최종적으로 선한 사람으로 바로 설 수 있습니다.

예수님이 태어나자마자 애굽으로 도피하며 마리아는 성전에서 '마음이 칼로 찔리는' 예언을 들었습니다. 그 예언은 인간 세상에 들어오신 구세주가 역설적인 방식으로 인간을 구원하실 것이고, 그분은 고난 그리고 심지어 죽음으로 인간들을 위해 영생을 가져다주신다는 것입니다. 고난은 거짓이 아니었습니다. 헤롯의 대학살 앞에서 예수님도 난민이 되셨습니다. 여느 사람처럼 고난을 받으셨고 진실로 사람의 고난에 참여하셨습니다. 이것이 곧 예수님께서 고난을 대하시는 방식입니다.

이는 우리 구주의 탄생을 축하하고 새로운 생명을 영접하는 이 절기에 역설적인 방식으로 생명을 묵상하게 합니다. 빛은 어둠을 밝히기 위함이고, 생명은 죽음을 구속하기 위함입니다. 이 진리는 그리스도인들에게 다음과 같은 생활 방식을 제시합니다. 하나님의 자녀들이여, 낙원을 떠나 내려가세요! 세상에 가서 수고하고 세상에 가서 섬기시고 세상에 가서 사람들이 뱉는 침을 맞으며 못 박히세요. 생명이 내려오심은 죽임을 당하기 위함이고, 영생의 양식이 내려오심은 배고픔을 채우기 위함입니다(마 21:18). 말씀이 내려오심은 나그네의 길에 피곤함을 풀어주시기 위함이고(요 4:6), 마르지 않는 샘물이 내려옴은 "내가 목마르다"(요 19:28) 하며 적셔주시기 위함입니다.

그런데 당신은, 고난 받기를 거절하십니까?

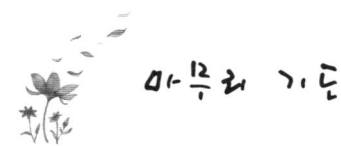

예수님,
주님은 영원한 생명이신 하나님의 아들입니다.
빛에서 나오신 빛이십니다.
주여, 주님의 강림을 간구하오니 우리를 이끌어 빛으로 들어가게 하옵소서.

주님은 영생의 거룩한 말씀이십니다. 주님은 온 세상을 지으셨습니다.
주님은 주께서 지으신 곳으로 오셨지만 이 세상은 받아들이지 않았습니다.
주님은 이 세상이 짊어진 고난을 겪으시며 십자가 보혈로 우리를 대속하셨습니다.

간구하오니 지금 우리 안에 임재하셔서 우리가 고통을 겪을 수 있게 하시고 맞서 싸울 용기와 힘을 갖게 하옵소서.

예수님,
주님은 영원한 빛이십니다. 간구하오니 어둠 속에서 우리의 믿음을 일깨워주셔서 우리로 하여금 주님의 빛이 충만한 가운데 주의 교훈에 따라 항상 사람들을 선하게 대하게 하시고 세상의 어두움을 물리치게 하옵소서.

주님,
주님의 강림을 간구하오니 우리의 마음에 새로운 세계를 창조하시고 평화와 공의가 세상에 항상 있게 하옵소서.

아멘!

11. 내 아버지 집에 있어야 하나이다

묵상 본문

"예수께서 이르시되 '어찌하여 나를 찾으셨나이까? 내가 내 아버지 집에 있어야 될 줄을 알지 못하셨나이까?' 하시니"(눅 2:49).
"너희가 아들이므로 하나님이 그 아들의 영을 우리 마음 가운데 보내사 '아빠 아버지'라 부르게 하셨느니라"(갈 4:6).

묵상 질문

1. 예수님의 생애에서 그는 어떻게 '아버지의 일을 우선'하셨습니까?

2. 우리가 예수님의 탄생으로 인하여 어떻게 하나님을 '아빠 아버지'라고 부를 수 있게 되었습니까?

3. 하나님을 '아빠'라고 부르는 것은 그리스도인들이 생명에 어떠한 지평을 가지고 있음을 표명합니까? 또한 생활에 어떠한 책임을 가져야 합니까?

누가복음을 보면, 예수님이 열두 살 될 때 유대 전통에 따라 예루살렘으로 가셔서 유월절을 지냈습니다. 그리고 성전에 남아서 성경을 배우면서 요셉과 마리아를 따라 집으로 가지 않았습니다. 마리아가 다시 예수를 찾고 나서 왜 부모들을 따라 나사렛으로 가지 않았냐고 따지자 예수님은 자신의 성자 신분을 밝혔습니다. "나는 마땅히 아버지의 집에 있어야 합니다."

이는 예수님께서 처음으로 하나님을 아버지로 부르며 자신과 하나님과의 친밀한 관계를 밝히는 때입니다. 동시에 예수님이 아버지와 아들의 관계가 있기에 "아버지의 집에 있어야 한다"고 말씀하심은, 사랑으로 아버지의 뜻과 하나가 되어야 함을 우리에게 가르치시는 것입니다.

예수님은 육신이 되신 말씀입니다. 그분은 마리아의 뱃속에서 완전한 인성(人性)을 받았습니다. 예수의 인성은 참된 것입니다. 우리와 똑같은 것입니다. 그분은 완전한 육신을 가지고 있고 완전한 영혼도 가지고 있습니다. 그렇기 때문에 우리와 같이 기쁨, 분노, 애통, 즐거움을 경험합니다.

그분은 인성의 자유의지도 가지고 계시지만 그의 인성은 신성과 결합되어 하나의 통일된 위격을 이룹니다. 그래서 하나님의 아들로서 '아버지의 집에 있어야 한다'라고 결단하시고, 계속 자유의지를 거룩하신 하나님 아버지의 뜻에 맡기시고, 아버지가 구원 사역에 쓰시는 모든 일을 기꺼이 받아들입니다.

예수님이 자신의 인성, 의지를 하나님의 뜻에 자유롭게 순종하신 또 다른 완벽한 예는 바로 십자가 고난을 당하시기 전날 밤에 겟세마네 동산에서 기도드리신 일입니다. '겟세마네'라는 아람어의 뜻처럼, 그곳은 '기름을 짜는' 곳이었습니다. 겟세마네는 예수님이 자신의 인성 의지를 하나님의 구원 계획에 완전히 드렸음을 의미합니다. 예수님의 고백처럼 말입니다.

"내 원대로 마시옵고 아버지의 원대로 되기를 원하나이다"(눅 22:42).

이러한 완전한 순종은 놀라운 수준이지만 이러한 경지가 아버지의 뜻에 완전히 순종해야 할 우리, '자녀들'의 외침에 스며 있어야 합니다.

천지를 창조하신 창조주를 '아버지'라고 부를 수 있는 것이 얼마나 큰 영광입니까? 모세는 꺼지지 않는 떨기나무의 불꽃 앞에서 처음으로 하나님의 부르심을 들었습니다. "모세야, 모세야!"라는 부르심이 울려 퍼질 때 모세가 들은 명령은 "여기에 가까이 오지 말라"였습니다. 창조주와 아버지-아들의 친밀한 관계를 이룬다는 것은 인간이 감히 상상할 수 없는 일입니다. 천사들도 알지 못했습니다. 예수에 대한 믿음으로 우리는 성령의 인도하심에 따라 하나님께 '아빠 아버지'라고 부를 수 있게 되었습니다.

터툴리안은 이 놀라운 일에 대해 이렇게 말합니다.

"'하나님 아버지'라는 칭호는 이전에 그 어떤 사람에게도 계시된

적이 없었다. 모세가 하나님께 '당신의 이름은 무엇입니까?'라고
물을 때, 모세는 또 다른 이름을 듣게 되었다. '아버지'라는 이
이름은 '아들' 안에서 계시된 것이다. '아들' 안에만 비로소 하나
님의 새로운 이름인 '아버지'가 포함되어 있기 때문이다."[11]

성자의 성육신이 없었다면, 불쌍한 인간들이 어찌 하나님을 '아버지'라고 부를 자격이 있겠습니까? 성자가 내려와 인간이 되었기에 우리도 '하나님의 자녀'로 받아들여진 것입니다. 예루살렘의 키릴로스(Cyril of Jerusalem, 313-386)의 말을 빌리면, 우리는 '하나님의 아들'이 되었고 복수의 '그리스도'가 되었습니다.

키릴로스는 이렇게 말합니다.

"확실한 것은, 이미 우리가 하나님의 아들들의 하나님을 영접
할 것을 예정하시고, 이미 우리를 그리스도의 몸으로 만드셨다.
이렇게 이미 그리스도를 나누어 가지고 있는 너희들을(shares
in Christ) '그리스도들'(Christs)이라고 부르는 것이 더 적절하
다."[12]

성자에 의하여 우리는 그들 중의 하나가 되었고, 하나님을 아버지라고 부를 수 있게 되었습니다. 더 큰 차원에서 본다면 중화 문화 중에서 이상적인 생명을 향한 깊은 갈망을 실현한 것입니다. 중국 북

---

11) Tetullian, "On prayer", Chapter 3. Alexander Roberts 편역, *Ante-Nicene Fathers*, Vol. 3. (Buffalo, NY: Christian Literature Publishing Co., 1885)
12) *Catechism of Catholic Church* (New York: Doubleday, 1995), p. 2,782에서 재인용.

송 시대 장재(張載, 1020-1077)는 이러한 이상적인 생명에 대하여 다음과 같이 정교하게 요약하였습니다.

> "하늘은 아버지요 땅은 어머니이니, 그러므로 내가 어찌 작은 존재이랴. 이에 그 가운데 섞여 있노라. 그러므로 하늘과 땅 사이가 곧 나의 몸이요, 하늘과 땅의 이끄심이 나의 본성이로다. 만백성은 나와 형제이요, 만물은 나의 친구여라."[13]

중국 문화 전통에서 하늘과 땅은 사람들이 상상할 수 있는 궁극적인 실재입니다. 하늘과 땅을 부모로 삼은 사람은 정신적으로 하늘과 땅과 서로 통하는 사람입니다. 그래야만 세상의 모든 사람과 만물과 형제애를 가진 동포, 친구의 관계를 이룰 수 있기 때문입니다.

기독교 신앙은 성자가 사람으로 이 땅에 태어남으로 사람들은 더 깊은 차원의 이상적인 생명에 도달할 수 있다는 것입니다. 성삼위는 본래 하나의 '사랑의 가정'입니다. 아버지의 마음도 있고 아들의 마음도 있고 또한 그 둘 사이에 끊임없는 사랑이신 성령도 있습니다. 성자가 세상에 태어남으로 우주에서 궁극적인 실재인 성삼위 사랑이 이 세상에 부어져서 사람마다 모두 하나님을 '아버지'라고 부를 수 있게 되었습니다.

성삼위의 감동과 거침없는 크신 사랑 속에서 우리의 몸은 성령의 성전이 되었고, 우리의 의지가 성삼위의 사랑 안에서 연합되었습니다. 사람마다 하나님의 자녀가 되고 형제자매의 사랑으로 하나님의

---

13) "乾稱父, 坤稱母; 予玆藐焉, 乃混然中處. 故天地之塞, 吾其體; 天地之帥, 吾其性. 民, 吾同胞; 物, 吾與也."《西銘》

가정인 교회를 구성하였습니다. 또한 하늘과 땅 사이의 만물은 교회를 통하여 성삼위 하나님의 사랑의 공동체와 연결되었습니다.

그러므로 '아버지'라는 부름은 우리의 모든 기도에서 시작이 됩니다. 주기도문의 첫 마디가 바로 그렇습니다. "하늘에 계신 우리 아버지!" 먼저 이것은 아버지를 향해 부르는 경배와 감사의 찬송입니다. 이 부름은 우리가 천국에 들어갈 '어린아이'(마 18:30)가 되게 합니다. 우리는 하나님의 아들 그리스도 안에서 중생하고 성령으로 '기름 부음'을 받았기에 하나님의 자녀가 됩니다. 하나님은 우리가 겸손하게 마음을 정화시키고 '충성된 마음'으로 성삼위의 가정에 소속되기를 요구하십니다. 마치 자녀가 부모와 나누는 대화처럼 순박하면서 열정적으로, 솔직하면서 기쁘게, 따뜻한 부드러움과 사랑하는 마음이 가득하기를 바라십니다.

이와 같이 완전히 드려지는 충성된 마음 속에서 우리는 비로소 거룩한 사랑의 깊은 곳에 들어갈 수 있고, 우리의 영혼이 사랑의 불길 속에서 녹아들 수 있으며, 우리의 생명이 성삼위 생명 안으로 들어갈 수 있습니다. 이렇게 매 순간 하나님을 '아버지'라고 부를 때마다 우리 생명이 정화됩니다. 한 마디 한 마디 아버지를 부르는 기도는 성부의 사랑을 독점하는 것이 아니라 생명의 폭이 넓어지는 것입니다.

그다음으로, '아버지'라고 부르짖음은 예수님을 본받고 따르려는 갈망을 표현합니다. 우리는 본래 죄인이었으나 하나님의 독생자의 의로 말미암아 의인이 되었습니다. 오직 그리스도만이 하나님의 독생자이시고, 우리는 모두 그분에 의해 창조된 존재입니다. 우리는 그리스도 안에서 그분의 아들로 받아들여졌습니다. 다시 말하면, 우리는 은혜를 의지해야만 기도 중에 그분을 '우리 아버지'라고 부를 수 있습니다. 그렇기 때문에 우리가 하나님을 '아버지'라고 부를 때마다 끊임없이 은혜 가운데서 예수님을 따르고 본받아서 말과 행동이 갈수록 예수님을 닮아가야만 하나님의 자녀라는 신분에 적합하게 됩니다.

예수님을 본받았다고 볼 수 있는 관건은 바로 예수님의 '아들'로서 겸손한 마음과 인성, 의지로 하나님의 뜻에 따라 사는 실천입니다. 예수님처럼 "아버지의 집에 있겠습니다"라고 고백하는 것입니다. 또는 겟세마네에서 기도하신 것처럼 "내 원대로 말고 아버지의 원대로 되기를 원합니다"라고 기도하는 것입니다.

마지막으로, '아버지'라고 부름은 우리가 하나님을 기억하고 하나님의 '자녀'임을 상기시켜 줍니다. 우리는 하나님의 독생자가 아니라 만들어진 그분의 '자녀'입니다. 왜냐하면 우리는 하나님의 독생자 안에 함께 모였기 때문입니다. 그러므로 주기도문에서 강조하는 것은 '우리' 아버지입니다. 우리가 하나님을 '아버지'라고 부르며 기도할 때, 이는 한 사람의 기도가 아닙니다. 이는 우리가 성자와 성령과 함께 성부 하나님께 경배하는 것입니다. 이는 우리와 세상의 모든 교회가 함께 하늘에 계신 '아버지'에게 드리는 기도입니다.

무릇 예수님을 독생자로 믿고 동시에 물과 성령으로 다시 태어난 사람은 모두 다 하나님을 '아버지'로 삼는 자녀입니다. 사람들이 주기도문을 외우며 그리스도 안에서 '우리의 아버지'를 향해 기도드릴 때, 우리는 하나님의 사랑으로 건짐을 받고 자기중심주의에서 나와서 온 하늘이 함께 기뻐하는 '하늘 위의 경배' 안으로 들어갑니다.

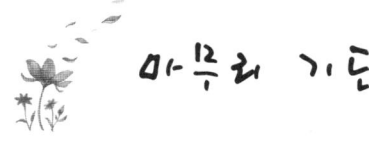
마무리 기도

예수님, 당신은 말씀이 육신이 되신 성자입니다.
당신은 이미 도래한 미래입니다.
간구하오니, 주 그리스도시여, 지금 이 순간 우리 안에 임하소서.

그리스도시여,
당신은 하늘 아버지께서 만세 전에 낳으신 성자입니다.
당신은 이 세상에 내려오셔서 사람이 되셨고, 우리의 형제가 되셨습니다.
우리가 당신으로 말미암아 하늘 아버지의 자녀로 받아들여졌습니다.
간구하오니, 우리에게 은혜를 더하여 주셔서 우리가 하나님의 자녀라는 이름에 걸맞게 살게 해 주옵소서.

그리스도시여,
주는 일생을 하나님 아버지의 뜻에 순종시키셨습니다.
하나님의 구원 계획을 자유롭게 품으셨습니다.
간구하오니, 우리의 마음속에 끊임없이 성령을 보내주사, 우리로 하여금 끊임없이 당신의 뜻을 알게 해주시고, 하나님 자녀로서 사랑과 순종의 삶을 살게 하옵소서.

예수님,
당신은 첫 아들의 신분으로 우리 모두와 만물을 이끄십니다.

하늘 아버지에 대한 경배 가운데로 이끄십니다.
간구하오니, 우리를 끊임없이 일깨워 주시사 탐욕스러운 자기중심에서 벗어나 천지 만물을 마음에 품게 하옵소서. 하나님 아버지의 품에 안기게 하옵소서.

아멘!

12. 주의 길을 준비하라, 그의 오실 길을 곧게 하라

묵상 본문

"광야에 외치는 자의 소리가 있어 이르되 '너희는 주의 길을 준비하라 그의 오실 길을 곧게 하라'"(막 1:3).

"이때부터 예수께서 비로소 전파하여 이르시되 '회개하라 천국이 가까이 왔느니라' 하시더라"(마 4:17).

묵상 질문

1. 우리는 어떻게 "그의 오실 길을 곧게" 할 수 있을까요? 또 어떻게 "주의 길을 준비"할 수 있을까요? 주의 길은 어디에 있습니까?

2. 대림절은 주님의 성탄을 기념하는 기간입니다. 우리는 어떠한 마음으로 주님의 오심을 준비해야 할까요?

3. 왜 회개는 그리스도인들이 꾸준히 해야 할까요? 회개는 그리스도인의 생명에 어떠한 의미가 있습니까? 우리는 어떻게 회개함으로 "주의 길을 준비하고 주의 오실 길을 곧게" 할 수 있을까요?

12 일

예수님은 태어나신 후, 30년의 세월을 부모와 함께 사셨습니다. 이제 곧 세상을 향하여 거룩한 말씀(Word)으로서 신분을 보여주십니다. 이때, 맨 처음으로 드러내신 그리스도의 선포(voice)는 이것이었습니다. "주의 길을 준비하라, 주의 오실 길을 곧게 하라." 이 말은 또한 세례 요한이 한 말입니다. 이는 마지막 선지자가 입에서 나온 선포이지만, 이 소리는 하나님이 전하신 거룩한 말씀입니다. 이 소리가 증거하는 것은 육신의 형태로 이 세상에 오신 거룩한 말씀입니다.

이 말씀은 특별히 요한의 입을 통하여 우리에게 주님의 오심을 어떻게 준비하고, 주님을 어떻게 우리 마음에 영접해야 할지를 알려줍니다. 우리는 어떻게 "그의 오실 길을 곧게" 할 수 있을까요? 또 어떻게 "주의 길을 준비"할 수 있을까요? 주의 길은 어디에 있습니까?

사복음서에는 예수님께서 제자들에게 자신을 어떻게 영접하고 자신의 오실 길을 어떻게 평탄하게 해야 할지 요구하시는 경우가 없습니다. 바다 위도 걸으시는 주님이신데 그 어떤 길인들 다닐 수 없으시겠습니까? 분명한 것은, 여기서 말하는 길은 실제적인 물리적 길이 아니라는 것입니다. 이 길은 우리 생각과 이념, 언어와 행동을 가리키는 것입니다. 우리의 생각이 바로 주님이 깊게 들어오는 곳이고, 우리의 언행이 바로 주님이 우리 생명으로 걸어 들어오시는 길입니다.

우리의 '몸, 마음, 의지'가 곧 우리가 주님과 서로 오고 가는 길입니다. 우리의 생각과 언행 속에서 우리는 주님께로 나아가고, 주님도 우리의 생명으로 들어오십니다. 우리의 심령과 삶이 곧 우리가 주님과 교제하는 길입니다. 이것이 우리가 준비해야 할 주님의 길이고, 우리가 곧게 해야 할 주님 오실 길입니다.

우리는 어떻게 '주의 길을 준비하고 주의 오실 길을 곧게' 할 수 있을까요? 요한은 이사야 선지자의 이 외침을 인용하기 전에 먼저 "회개하라!"(마 3:2)고 말합니다. 이것은 사실상 '주의 길을 준비하고 주의 오실 길을 곧게' 하는 내적인 의미에 대한 해석입니다. 또한 "회개하라"는 예수님께서 무리에게 복음을 전하실 때 하셨던 첫 외침이기도 합니다(마 4:17). 그러므로 '회개'는 곧 우리가 주님의 길을 준비하고 주께서 오실 길을 곧게 하는 가장 좋은 방식입니다.

회개란 무엇입니까? 회개의 첫 번째 의미는 '정성스러운 의지'입니다. 곧 두려움이 없는 반성의 정신으로 자신을 대해야 합니다. 의지는 마음에서 발동되고, 마음의 움직임이 곧 살아 있는 것입니다. 사람의 의지는 예측하기 어렵습니다. 변화가 많고 순식간에 바뀌고 사라지며 붙잡기가 힘듭니다. 의지를 잘 다스리는 사람은 하나님의 법칙에 복종하고, 삶에서 계명을 준수하며, 상하, 선후배, 부부 사이, 형제와 친구 사이에 좋은 관계를 이룹니다.

이뿐만 아니라 사람의 지혜로 모든 문명 기기들을 발명하기도 하고, 하나님을 영화롭게 하며 사람을 유익하게 하는 준칙에 복종합니다. 그러나 의지를 잘 다스리지 못하는 사람은 각종 악한 욕망에 따라가면서 여러 가지 피조물을 오히려 우상으로 삼고 섬깁니다. 회개는 정성스러운 의지로 진실하게 자기 자신을 대하는 것이며 "참 마음과 온전한 믿음으로 하나님께 나아가"는 것입니다(히 10:22).

회개의 두 번째 의미는 '바른 마음', 즉 심령의 방향 전환입니다. 마음은 의지의 원천이며, 선악의 각종 욕망의 원동력이 됩니다. 마음에는 너그럽고 정의로우며 예의 있고 지혜로운 여러 가지 선한 싹을 품고 있습니다. 그러나 마음은 보고 느끼는 외부의 유혹을 받거나 심지어 명예, 이득, 권력을 생명의 주인으로 삼기도 합니다.

'바른 마음'이란 곧 심령의 방향 전환입니다. 각종 피조물들을 우상으로 삼기로 더 이상 고집하지 않고 역사 속에 계시하시는 하나님께로 방향을 바꾸는 것입니다. 이것이 바로 구약의 선지자들이 이스라엘을 향하여 항상 "너희는 돌이킬지어다"라고 외치는 핵심입니다.

여기에는 사실상 두 가지 면이 포함되어 있습니다. 곧 '마음의 움직임과 인내하고 참는 성질'입니다. 전자는 '너그럽고 정의로우며 예의 있고 지혜로운 마음을 움직이는 것'이고, 후자는 '명예나 이득이나 권력의 더러운 성질들을 인내하고 참는 것'입니다. 이는 사람으로 하여금 생명의 크고 작음, 본질과 껍데기를 정확하게 구분하게 합니다.

그래서 내적인 선한 마음이 작동하여 외적이고 감각적인 향락을 조절합니다. 욕망과 탐욕으로 너그럽고 사랑하는 마음이 질식하지 않게 하고, 작은 것을 취하려고 큰 것을 상하게 하지 않으며, 껍데기를 좇아가다가 본질을 잃지 않게 합니다.

예수님은 마지막 주에 예루살렘에 들어가 하나님의 성전에 가셨습니다. 그런데 성전 안에는 소와 양과 비둘기를 파는 장사꾼들도 있었고, 돈을 바꿔주는 사람들도 앉아 있었습니다. 예수님은 노끈으로 채찍을 만들어 양이나 소를 다 성전에서 내쫓으시고 돈 바꾸는 사람들의 돈을 쏟으시며 상을 엎으셨습니다. 그리고 "내 집은 기도하는 집이라 일컬음을 받으리라 하였거늘 너희는 강도의 소굴을 만드는도다"라고 질책하셨습니다. 그리고 비둘기 파는 사람들에게 "이것을 여기서 가져가라. 내 아버지의 집으로 장사하는 집을 만들지 말라"고 하셨습니다(마 21:12-13; 막 11:15-17; 눅 19:45-46; 요 2:15-16).

예수님의 이러한 행동과 말씀은 우리에게 '바른 마음과 정성스러운 의지'의 의미를 잘 알려줍니다. 우리의 마음은 곧 하나님의 성전이지만, 늘 여러 가지 욕망으로 가득 차 있었습니다. 바른 마음과 정성스러운 의지가 하는 일은 바로 그중에서 사악한 욕심을 제거하고 청결한 마음을 보존하며 주님의 오심을 영접하는 것입니다.

회개의 세 번째 의미는 '매일매일 새롭게' 되는 것입니다. 회개는 우리의 마음이 성령 안에서 호흡하는 것입니다. 회개는 우리로 하여금 각종 생명의 찌꺼기들을 배출하고 기도하는 가운데 성령으로 새로운 힘을 얻게 합니다. 회개는 우리의 심령을 겸손한 상태에 거하게 하며 우리 마음의 문을 빼꼼히 열어서 성령의 생기가 들어오게 합니다. 회개는 생명이 호흡하는 길입니다. 내뱉는 숨은 더러운 공기이고 들이마시는 숨은 하나님의 생기입니다. 이렇게 우리 마음은 말씀과 만나고 새롭게 활력을 유지하게 됩니다.

회개는 일회성이 아닙니다. 회개는 우리 영성과 생명이 성장하고 갱신을 유지하는 방법입니다. 동시에 회개는 우리가 마음속 깊이 더럽고 잡다한 것에 주목하지 않고 하나님에게 주목하여 성삼위 하나님과 생명을 함께 하는 것을 즐겁게 해줍니다.

회개는 하나의 합성어입니다. '회'(悔)는 시작이며 '개'(改)는 종점입니다. 자신의 생명을 길로 만들어 주님의 오심을 영접하는 사람은

'회'의 의식도 갖고 있고 이 '회'가 장기간 마음에 머물러 있게 하는 것이니 참 귀합니다. 더러운 숨이 가슴에 남아 있으면 생명이 갱신되기 어렵습니다. 회개는 겸손, 통회, 눈물과 죄에 대한 시인으로 시작하지만 그 목적은 새 생명의 열매인 용서, 화평과 합일을 이룹니다. 회개라 함은 '개', 즉 '고침'이 귀한 것입니다. 주희[14]는 "고치면 곧 후회가 없다. 고침에는 뉘우침이 포함되어 있고, 고침은 뉘우침으로 변화하고 심화시킨다"라고 말했습니다. '고침'을 중심으로 하는 '회개'는 생명 안에 사랑, 용서와 평화의 열매를 맺게 됩니다.

세례 요한의 "주의 길을 준비하고 주님 오실 길을 곧게 하라"는 외침은 우리를 깨우쳐줍니다. 성탄을 맞이하는 이때, 우리는 축하하는 것뿐만 아니라 훈련하는 일도 함께 해야 합니다. 우리가 축하하는 것이 자신을 변화시키고 새롭게 우리를 빚어내야 합니다.

그리스도가 오실 때 회개의 마음 문을 열어 드립시다. 우리 안에 주님의 길을 준비합시다. 그래야만 그리스도는 우리 삶의 길을 통하여 마음에 들어오십니다. 그리스도는 우리 안에 들어오셔서 마음속에서 탄생하십니다. 각자의 삶에 여러 가지 성품으로 새로 태어나신 왕께 우리의 예물을 드립시다. 우리에게는 몰약이 없지만 회개를 드립시다. 우리에게는 유황이 없지만 기도를 드립시다. 우리에게는 황금이 없지만 사랑을 드립시다. 정결한 마음이 있어야 순결한 성탄을 보낼 수 있습니다.

---

14) 주희(朱熹, 1130-1200), 주자학(성리학)을 집대성하여 중국 사상계에 가장 큰 영향을 미친 철학자입니다. - 역자 주.

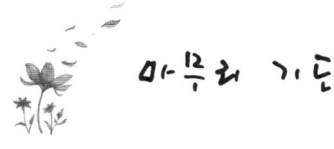

주 그리스도시여,
우리는 당신의 오심을 기대합니다. 땅 위에 하나님의 나라를 열어 주소서.

주여,
당신의 성령을 우리 마음속에 보내 주셔서 우리의 생각과 의지가 새롭게 거듭나게 하옵소서. 이제 곧 오실 당신의 길을 준비하겠습니다.

주여,
성자의 오심을 영접하기 위하여 이 땅에 당신의 나라를 세우소서.
간구하오니, 우리의 생명을 축복하셔서 회개의 열매를 맺게 하옵소서.

주 그리스도시여,
간구하오니, 사람들 사이에 분열과 원한의 높은 벽을 허물어주소서.
모든 사람을 위하여 화목한 길을 만들어주소서.

아멘!

13. 마지막 아담

묵상 본문

"사람들이 아는 대로는 요셉의 아들이니 요셉의 위는 헬리요…그 위는 셋이요 그 위는 아담이요 그 위는 하나님이시니라"(눅 3:23-38).
"기록된 바 첫 사람 아담은 생령이 되었다 함과 같이 마지막 아담은 살려 주는 영이 되었나니, 그러나 먼저는 신령한 사람이 아니요 육의 사람이요 그 다음에 신령한 사람이니라 첫 사람은 땅에서 났으니 흙에 속한 자이거니와 둘째 사람은 하늘에서 나셨느니라"(고전 15:45-47).

묵상 질문

1. 아담을 왜 '하나님의 아들'이라고 부릅니까? 이는 그가 어떠한 영적 신분을 가졌다는 것을 의미합니까?

2. 예수님을 '제2의 아담'이라고 부르는 것이 하나님의 창조 계획에서 어떠한 의미를 가집니까?

3. 제2의 아담 '예수'의 탄생은 어떻게 우리의 몸에서 제1의 아담의 형상과 사명을 회복합니까?

13일

누가는 예수님의 탄생 과정을 말하고 나서 다시 예수님의 족보로 거슬러 올라갑니다. 누가는 예수님 족보의 시작을 아브라함이 아니라 아담에까지 올라가서 "아담은 하나님의 아들"이라고 합니다. 누가는 예수님의 족보를 이렇게 말함으로 우리에게 어떤 계시를 주려는 것일까요? 그리스도는 왜 아담의 줄기에서 태어날까요?

예수님을 '마지막 아담' 혹은 '제2의 아담'이라고 부르는 것은 하나님의 창조 계획에서 예수님의 탄생이 어떤 의미가 있음을 말하는 것일까요? 우리가 기왕 아담의 후손이라면 왜 또다시 성령으로 말미암아 '제2의 아담'에게서 다시 태어나야 할까요? '제2의 아담'의 출생은 우리 몸에서 '제1의 아담'이 짊어졌던 사명을 어떻게 회복시킬까요?

창세기는 웅장한 창조 이야기로 시작되며, 그중에서 아담의 창조는 하나님의 창조 이야기 중에서 가장 많은 분량을 차지하고 있습니다. 2장 5절부터 8절까지 아담의 창조가 구체적이고 생생하게 묘사됩니다. 그에 비해 1장 26절부터 28절에 나오는 인간의 본질에 대한 묘사는 추상적이고 심오합니다. 그러나 이 두 이야기는 서로 호응하면서 하나님께서 창조하신 원초적인 인간이 가진 본질과 사명에 대해 전반적으로 이해하도록 합니다.

이 두 구절의 성경 본문은 '아담은 누구인가?'에 대해 해석해 주며, '사람은 무엇인가?'라는 문제에 총체적인 해답을 내립니다. 아담은 두 가지 기본적인 신분이 있습니다. 첫째는 하나님의 형상이고,

둘째는 땅에서 나온 '영을 가진 살아 있는 사람'입니다. '형상'이라는 단어의 가장 직관적이고 기본적인 뜻은 곧 '반영' 혹은 '비춤'입니다. 사람의 몸은 하나님의 영광을 반영할 수 있습니다. 간단히 말하면, 세상의 피조물 중에서 아담이 하나님을 '가장 닮았습니다'.

그러면 사람의 몸에서 어떤 성품이 하나님의 영광을 반영하는 것일까요? 인간의 성품 중에서 무엇이 하나님을 가장 닮았을까요?

창세기 1장에 따르면, 하나님은 세상의 창조자로서 그 신성은 그가 자유롭게 세계를 창조하는 중에 표현되었습니다. 하나님은 그 어떤 필연 때문에 세상을 창조하신 것이 아니고, 그 어떤 조건이나 제약을 받지 않으며, '무(無)에서 유(有)를 창조'하셨고, 그의 의지가 세상을 만드신 유일한 원인이 됩니다. 사람은 마지막 날에 창조되었는데 그 몸에서는 하나님의 '자유' 본성이 반영되고 있습니다.

인간은 완전한 주체성을 가지고 다른 피조물과 교제할 때 소극적인 객체가 아니라 적극적인 주체가 됩니다. 인간은 완전한 자유를 가지고 자아 반성을 하며, 이성적으로 생각도 하고 자유롭게 결정하며 또한 그 결정에 스스로 책임을 집니다. 인간의 자유는 가장 진실된 것으로써, 심지어 하나님의 명령을 어길 자유마저도 있습니다. 에덴동산에서 인간은 도덕과 영성을 실현할 능력마저 거절하면서 하나님을 거부하는 자유까지도 가졌습니다.

추상적인 개념으로 말하면 인간은 하나님의 형상입니다. 구체적인 속성으로 말하면 인간은 하나님과 교제할 수 있습니다. 왜냐하면 하나님께서 생기를 인간의 콧구멍에 불어 넣어주셔서 아담이 '영이 있는 살아 있는 사람'이 되었기 때문입니다. 인간은 영성에 있어서 하나님의 음성을 듣고 감지할 수 있으며, 영성으로 하나님께 응답할 수 있습니다.

　이것이 바로 우리가 최초의 창조에서 본 아담의 형상입니다. 하나님의 피조물 중에서 아담은 만물의 영입니다. 그의 몸에서 물질세계와 정신세계가 합쳐졌습니다. 그는 두 가지 차원의 능력을 소유하였습니다. 수평적 차원에서 아담은 자신을 인식하고 자신을 소유하며 자신을 결정하고 자유롭게 자신을 드릴 수 있습니다. 그리고 주체적 신분으로 타인과 소통하며 다른 피조물들을 치리할 수 있습니다. 수직적 차원에서 아담은 창조주와 언약을 맺고 존재 깊은 곳에서 신앙과 사랑으로 하나님께 응답할 수 있습니다. 이것이 바로 누가복음에서 아담을 '하나님의 아들'이라고 부른 이유입니다.

　아담은 인류의 족보에서 첫 사람입니다. 그의 배우자 하와는 아담의 갈비뼈로 만들어졌습니다. 서로 다른 종족과 서로 다른 문화라도 모든 사람은 아담의 후손입니다. 아담과 하와의 생육을 통하여 하나님은 이 땅의 모든 인류를 창조하셨습니다. 아담의 몸에 성경이 계시하는 '온 세상이 한 집'(四海一家) 내지는 '천하가 한 사람'(天下一人)이라는 최고의 이상을 품게 하였습니다.

　인류는 모두 아담에서 시작되었고, 한 사람으로부터 온 인류가 만들어졌습니다. 이는 기독교의 인류는 한 근원에서 나왔다는 이상을 표명합니다. 소위 '한 근원'(一源)은 창조주 하나님에게서 나왔음을 가리키기도 하고, 동시에 첫 사람 아담에서 나왔음을 가리키기도 합니다.

　그러므로 인류는 동일한 본성을 가지고 있고, 모두가 육체와 영혼으로 구성되어 있습니다. 인류는 또한 아담으로부터 동일한 사명과 목표를 가지고 있습니다. 인류는 동일한 처소에 살고 있고, 이 땅에서 사람마다 자연 만물을 나누어 누릴 권리를 가지고 있습니다. 사람은 모두 아담으로부터 시작되기에 온 세상의 사람들은 윤리적으로 서로 연대되어 있고, 서로 관심을 갖고 사랑해야 할 책임을 가지고 있습니다. 이것은 기독교의 '온 천하가 모두 형제'[15]라는 관념의 기초입니다.

창세기 1장과 2장의 이해에 따르면, 어떠한 '미개한 오랑캐'(蠻夷)나 '오랑캐와 중화를 구분'(夷夏之辨)하는 개념은 모두 적절하지 않은 것입니다. 각양각색의 문화와 종족의 사람들은 모두 아담으로부터 나온 형제자매입니다.

개인적인 차원에서 사람은 자유의 주체이고, 집단적인 차원에서 사람은 하나로 합한 공동체입니다. 이것이 하나님께서 아담을 인류의 시조로 창조하신 두 가지 기본 함의입니다. 그러나 아담은 자기에게 부여된 자유를 잘못 사용하여 하나님의 명령을 어겼고, 그리하여 에덴동산에서 추방되어 하나님과 분리되었습니다. 그때부터 사람은 죄와 사망의 노예가 되어 하나님 안에서의 자유를 잃어버리게 되었습니다.

아담으로부터 나온 후손들은 서로 원수가 되었습니다. 성별이나 정치는 남녀 사이의 권력 쟁탈을 유발하였습니다. 형제간에도 원한과 살육이 생겨서 가인은 아벨을 죽였습니다. 가족 간에도 서로 싸움이 일어나고 한 무리가 다른 무리의 주인이 되었습니다. 바벨탑 사건 이후로는 언어가 서로 혼잡해져서 인류의 하나 됨이 한층 더 분열되었습니다. 인간들은 혈연, 언어와 문화를 단위로 온 땅에 흩어

---

15) "四海之內皆兄弟"

지게 되었습니다.

그러나 하나님께서 최초에 아담을 창조하실 때 인류에게 정하신 원래의 계획은 결코 이렇게 무산되지 않았습니다. 예수님의 탄생은 아담을 창조하실 때 하나님께서 인류에게 부여한 원래의 사명을 회복시키려는 것입니다. 이런 의미에서 예수님은 '제2의 아담'입니다. 이 또한 누가가 예수님의 족보를 아담에까지 거슬러 올라가면서 아담을 '하나님의 아들'이라고 부른 이유이기도 합니다.

무엇 때문에 로마 시대에 태어나신 예수님이 최초로 창조된 아담의 형상을 회복할 수 있을까요? 말씀이 육신이 되신 예수님이 사람의 몸에서 범죄 이전의 아담을 회복할 수 있는 이유는 바로, 실제로 그리스도가 최초 아담의 창조에 참여하셨기 때문입니다. 바울이 말한 바와 같습니다.

> "기록된 바 첫 사람 아담은 생령이 되었다 함과 같이 마지막 아담은 살려 주는 영이 되었나니"(고전 15:45).

그리스도는 하나님의 말씀입니다. 창조주가 최초의 아담을 창조하실 때 함께 그 가운데 참여하셨습니다. 제1의 아담도 그리스도라는 이 "하나님의 첫 형상"(골 1:15)으로 만들어졌고, 동시에 그리스도로부터 영혼을 받아 살게 되었던 것입니다. 그리스도는 아담의 몸에 자신의 형상을 새겼습니다. 그리스도가 아담의 후손으로 세상에 태어난 것은 아담이 자신의 형상대로 창조된 본래의 뜻을 회복하시기 위해서입니다. 예수님이 아담의 모습을 취한 것은 아담이 창조될 때 얻었던 그리스도의 모습을 회복하시기 위해서입니다.

또 그리스도는 어떤 방법으로 사람이 가지고 있는 최초 아담의 형상을 회복하실까요? 그리스도는 사람으로 태어나셔서 아담의 아들이 되시고, 모든 하나님의 형상으로 만들어진 사람들을 전부 자신 안에서 하나님의 영광으로 비추어서 거듭나게 하시고 온전하게 하십니다. 그리스도는 사람의 의지로 성부 하나님의 뜻에 완전히 복종합니다. 겟세마네와 십자가 위에서 하나님과 인간 사이의 사랑과 순종을 하나로 녹이시고, 마귀의 속박과 생명을 훼멸시키는 권세를 깨부수셨습니다.

제1의 아담이 하나님의 사랑을 거역함으로 마귀에게 잡혔다면, 제2의 아담은 하나님의 사랑에 순종함으로 하나님의 온유한 권능과 인성이 마땅히 가져야 할 모습을 보여주었습니다. 이것이 바로 바울이 말하는 바입니다.

> "한 사람이 순종하지 아니함으로 많은 사람이 죄인 된 것 같이 한 사람이 순종하심으로 많은 사람이 의인이 되리라…이는 죄가 사망 안에서 왕 노릇 한 것같이 은혜도 또한 의로 말미암아 왕 노릇 하여 우리 주 예수 그리스도로 말미암아 영생에 이르게 하려 함이라"(롬 5:19, 21).

예수님이 십자가와 빈 무덤에서 거둔 승리는 모든 사람의 기쁨과 소망의 원천이 되었고, 모든 사람이 하늘을 향하여 가는 여행의 믿음직한 근거가 되었습니다. 그리스도의 영을 받아들여 생명의 주인으로 삼은 사람은 사망의 쏘는 것에서 벗어나고 죄의 권세를 이길 뿐만 아니라 아담이 최초에 본래 누렸던 영생과 복락을 누릴 수 있습니다.

그리스도가 아담의 자손이라는 신분으로 인류 역사 중에 들어오심으로 인류가 아담 안에서 합일을 회복하게 합니다. 우리는 '제1의 아담'의 후손으로 이 땅에 흩어져 있고 서로 다른 민족, 언어와 문화에 속해 있습니다. 그러나 그리스도가 성육신하심을 통해 우리는 하나님을 아버지로 삼고 교회를 어머니로 삼아 '물과 성령'으로 거듭나는 세례를 받고 예수 그리스도를 형제라 부르는 '하나님의 자녀'로 통일되어 받아들여집니다. 이것이 바로 갈라디아서 3장 27-28절이 말씀하는 바입니다.

> "누구든지 그리스도와 합하기 위하여 세례를 받은 자는 그리스도로 옷 입었느니라. 너희는 유대인이나 헬라인이나 종이나 자유인이나 남자나 여자나 다 그리스도 예수 안에서 하나이니라."

그리스도 안에서 최초 아담의 몸에 기대했던 '온 세상은 한 집'이고 '천하는 한 사람'이라는 이상이 이제는 실현되었습니다. 이것은 또한 교회가 '그리스도의 몸'으로서 가지고 있는 희망과 사명이기도 합니다.

그리스도가 아담의 후손으로 이 땅에 태어나심은 우리 몸에서 최초의 아담을 회복시켜 주시고 우리로 하여금 아담보다 더 큰 영광을 얻게 하시기 위함입니다. 말씀이 육신이 되어 세상에 사신 것은 우리에게 성결한 삶의 모범을 보여주시며 우리가 그리스도를 본받아 '거룩한 사람'이 되게 하려는 것입니다. 그리스도는 우리에게 '팔복'을 선포하시고 우리가 믿음 안에서 실천하게 하시며 천국을 향한 길로 인도하십니다. 그리스도는 '새 계명'을 우리에게 말씀하셨습니다.

> "내 계명은 곧 내가 너희를 사랑한 것같이 너희도 서로 사랑하라 하는 이것이니라"(요 15:12).

우리에게 하나의 사랑의 공동체를 이루라고 명령하십니다. 그리스도는 대제사장으로서 이 땅위에서 드리는 예배와 하늘에서 하나님께 드리는 예배가 융합되게 하시고, 떡과 포도주를 축복하셔서 그리스도의 몸이 되게 하시며, 그리스도인들이 그리스도의 몸을 나눌 때 피차 서로 안에 거하게 하십니다.

말씀이 피와 살이 되어 성자가 아담의 계보에 따라 인간 세상에 들어오셨습니다. 가장 높은 생명의 경지에서 보면, 이는 사람으로 하여금 말씀과 교통(communion)하고 말씀과 합일(union)하게 합니다. 이렇게 우리는 '하나님의 본성을 나누게' 되었습니다.

이레네우스는 이렇게 말했습니다.

> "말씀이 사람이 되고 하나님의 아들이 인자가 된 이유는 곧 사람이 말씀과 함께 융합되고 하나님의 자녀의 명분을 얻어 하나님의 자녀가 되게 하려 함이다."[16]

아타나시우스도 이렇게 말했습니다.

---

16) The Writings of Irenaeus, vol. I, in *Ante-Nicene Christian Library*, sd. Alexander Roberts & James Donaldson, vol. V, Edinburgh: T & T Clark, 1878, pp. 351-352.

"하나님이 사람이 됨은 우리로 하나님이 되게 하려 하심이다."[17]

동방 교회의 역사에서 새로운 신학자 성 시메온(949-1022)은 한 편의 성가곡에서 자신의 체험을 이렇게 묘사했습니다.

"들어보시라, 내가 당신에게 알려주노라. 양성(兩性)의 하나님이 나처럼 양성(兩性)인 사람에게 강림하셨네. 그분은 자신의 몸에서 나의 육신을 취하시고 나에게는 그분의 영을 주셨네. 그분의 신성한 은혜로 나도 신이 되었고, 그분이 받아들이신 하나님의 아들이 되었네. 얼마나 존귀하고 얼마나 영광스러운가! 상처로 쓰러진 사람이여, 나는 나의 비참함을 보았고, 나의 연약함이 생각났으며, 나의 율적함으로 어쩔 줄 몰랐었네. 그러나 나는 하나님의 은혜를 믿어 의심치 아니하네. 그분이 주신 나의 아름다움이 생각나고, 그래서 나는 희락으로 가득 차네. 내가 홀로 외롭다고 생각할 때 나는 신성한 그 영역을 조금이라도 볼 수 없었고 보이지 않는 신성함과 즈금도 상관이 없었네. 그러나 하나님은 나를 하나님의 아들로 받아주셨고 이제 신성한 본성을 누리게 해주셨네."[18]

---

17) St. Athanasius, *The Incarnation*, Trans. Archbald Robertson, London: D. Nutt, 1891. p. 93.
18) "Texts, Symeon the New Theologian", in Harvey D. Egan, *An Anthology of Christian Mysticism*, Collegeville, MN: The Liturgical Press, 1991. pp.149-150.

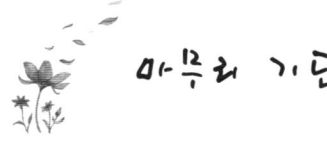

마무리 기도

그리스도시여,
아담은 당신으로 말미암아 창조되었고 당신을 의지하여 살았습니다.
당신이 생명을 만드심은 그들로 죽지 않게 하시기 위함입니다.
당신은 아담을 찾아 고통 중에서 그를 구해내셨습니다.

그리스도시여,
당신은 우리와 멀리 떨어져 계시지 않습니다.
간구하오니, 주를 찾는 사람들에게 당신을 드러내 주소서.

그리스도시여,
당신은 가난한 자를 부요하게 하시고, 슬퍼하는 자를 위로하시며,
묶인 자를 자유케 하시고, 근심하는 자를 기쁘게 하십니다.

당신은 우리 중의 한 사람이 되어 우리를 다시 낙원으로 인도하십니다.
우리를 위하여 새롭고 살아 있는 길을 열어 주십니다.
간구하오니, 아담이 잃어버렸던 영생을 우리에게 내려주옵소서.

아멘!

제3부

그리스도는
우리 안에 태어나셨다

14. 심령이 가난한 자
15. 애통하는 자
16. 온유한 자
17. 의에 주리고 목마른 자
18. 긍휼히 여기는 자
19. 마음이 청결한 자
20. 화평케 하는 자
21. 의를 위하여 박해를 받는 자

14. 심령이 가난한 자

> **묵상 본문**

"너희 가난한 자는 복이 있나니 하나님의 나라가 너희 것임이요"(눅 6:20).

"심령이 가난한 자는 복이 있나니 천국이 그들의 것임이요"(마 5:3).

"부요하신 이로서 너희를 위하여 가난하게 되심은 그의 가난함으로 말미암아 너희를 부요하게 하려 하심이라"(고후 8:9).

> **묵상 질문**

1. 그리스도 안의 새 생명은 왜 '팔복'을 묵상하는 것에서부터 시작합니까?

2. 팔복은 어떠한 삶의 품성을 밝혀주십니까?

3. '가난'은 어떤 현실과 영적 의미가 있습니까? 그리스도인들은 예수님의 가난에서 무엇을 배워야 합니까?

4. '가난'한 삶 속에서 우리는 어떻게 하나님, 다른 사람, 자연에 대한 책임을 실천해야 합니까?

14일

이 부분부터 시작하여 성탄 묵상 중에 우리는 복음서에서 예수님께서 말씀하신 '팔복'에 초점을 맞출 것입니다. 무엇 때문에 성탄 기간에 팔복을 묵상해야 할까요? 마태복음과 누가복음에서 팔복은 모두 산상수훈의 시작입니다. 예수님께서 백성들에게 전도를 시작한 것이 바로 팔복에 대한 설교입니다. 팔복은 여덟 가지의 사람에 대한 축복이고, 삶 속에서 여덟 가지 품성에 대한 찬양입니다.

그러나 더 깊게 살펴본다면, 팔복은 예수님께서 자신을 말씀하신 것입니다. 예를 들면, 첫 번째 복은 예수님의 탄생을 말씀하시는 것입니다. 예수님은 우리를 위하여 가난해지셨습니다. 여덟 번째 복은 예수님의 십자가 수난을 말씀하시는 것입니다. 예수님은 의를 위하여 핍박을 받으셨습니다. 팔복은 예수님이 이 세상에 오신 사명에 대한 말씀이고, 예수님의 삶 또한 이 팔복의 품성을 실천하신 것입니다.

오늘날 우리가 축하하는 성탄은 단지 이천 년 전에 이스라엘에서 발생한 성탄 사건을 기념하는 것만이 아닙니다. 오히려 그리스도의 말씀이 우리 안에 태어나게 하려는 것입니다. 이런 의미에서 우리가 성탄을 묵상하는 것은 곧 팔복에 대한 묵상이고, 팔복으로 우리의 생활을 정비하는 것입니다. 이렇게 삶에서 그리스도를 본받아 그리스도의 생명이 우리 안에 '탄생'하도록 해야 합니다.

더욱 깊은 의미에서 보면, 팔복은 모세가 시내산에서 받은 십계명에 대해 말하는 것입니다. 십계명은 모세가 하나님으로부터 받은 계시입니다. 그러나 십계명은 역시 인류 사회의 법칙이기도 하고, 질서 있는 사회에 없어서는 안 될 윤리 준칙이기도 합니다. 뜻 깊은 것은 바로 십계명의 마지막 마무리가 "탐내지 말라"는 것입니다.

이것은 매우 특별한 계명입니다. 왜냐하면, 이 계명은 어떤 외적인 행위를 금지하는 대상으로 삼은 것이 아니라, 사람의 내적인 생각에 계명을 심화시켰기 때문입니다. 다시 말하면, 제10계명은 앞의 아홉 개 계명의 결론으로써 사람들에게 끊임없이 노력하여 완수해야 할 목표를 제시하는 것입니다.

"우리의 마음을 깨끗하게 하라." 이는 끝이 없는 것입니다. 어떤 외적인 표준으로 재단할 수도 없는 목표이기도 합니다. 그 뜻인즉 우리에게 모든 계명은 사람의 마음으로 귀결됨을 깨우쳐주는 것입니다.

이런 뜻에서 마태복음의 예수 팔복은 출애굽기의 모세 십계명에 대응됩니다. 먼저, 예수님께서 "산에 올라가"(마 5:1) 명령을 말씀하심은 그가 산 위에서 새로운 계명을 선포하시는 '새로운 모세'임을 표명합니다. 다음으로, 시내산 율법은 십계명을 헌장으로 삼아 구약의 율법들을 통솔하듯이 팔복은 예수님의 '산상수훈'을 통솔하는 강령으로써 혹은 '천국 헌장'이라고 부릅니다.

그다음으로, 엄격하게 말하면 마태복음 5장에서 "복이 있나니"라고 하신 것은 팔복이 아니라 '십복'(十福)입니다. 5장 11절의 "나로 말미암아 너희를 욕하고 박해하고 거짓으로 너희를 거슬러 모든 악한 말을 할 때에는 너희에게 복이 있나니"와 5장 12절의 "기뻐하고 즐거워하라 하늘에서 너희의 상이 큼이라"는 내용까지 모두 사람의 영성과 도덕적인 삶의 취지를 말씀하시기 때문입니다. '십복'은 바로 모세의 십계명에 대응되는 것입니다.

그러므로 팔복(혹은 십복)은 십계명의 완전으로써 십계 생활의 새로운 지경을 열어 줍니다. 이는 예수님의 인성에 대한 깊은 인식을 표명합니다. 즉, 심령이 정화되어야만 사람이 하나님의 계명을 이행할 수 있으며 하나님 안에서 새로운 생명을 살아낼 수 있다는 것입니다. '마음이 가난함'으로 시작되는 팔복은 사람 마음속 '탐심'에 대한 치료이고 해법이며 십계의 기초 영성입니다.

'팔복'은 사람이 세상을 사는 준칙이기도 하고 윤리적인 생활 태도이기도 합니다. 이는 예수님의 생명 상태이기도 하고 예수님의 사랑과 자비가 삶 속에서 자연스럽게 흘러나온 것이기도 합니다. 이것들은 그리스도인의 생명이 이 땅에서 짧은 삶을 사셨던 하나님의 아들에게로 나아가는 '여덟 갈래 바른 길'입니다.

만약 예수님의 생명이 하나의 다이아몬드라면, 팔복이 묘사하는 생명의 상태는 여덟 개의 절단면이 되어 예수님의 얼굴을 반짝반짝 빛내줍니다. 성탄을 영접하는 이 절기에 팔복을 묵상하는 우리는 마치 예수라는 거울 앞에 나아와 우리의 생명을 살펴보는 것과 같습니다. 그리고 예수님의 여덟 장의 초상 앞에 나아와 우리 안의 생명이 그분을 사모하고 본받는 것과 같습니다.

요즘과 같이 시끄럽고 분주한 삶을 사는 사람들은 처음 팔복을 읽고 나서는 대부분 어리둥절하고 곤혹스러워합니다. 예수님이 찬양하는 팔복은 우리가 기대하는 삶이 아닙니다. 우리가 원하는 태도는 자신만만함이지 겸손함이 아닙니다. 우리는 부유함을 원하지 가난함을 원하지 않습니다. 우리는 쾌락을 원하지 애통함을 원하지 않습니다. 우리는 배부르게 먹고 마시는 것을 원하지 굶주림을 원하지 않습니다. 우리는 성공을 원하지 핍박을 원치 않습니다.

그러나 예수님께서 설교를 시작하시는 그 순간부터 이 팔복을 선포하시는 것은, 우리가 착각과 곤혹 속에서 생명의 참 의미를 묵상하고 행복을 이루는 길을 찾게 하시려는 것입니다. 팔복은 예수님의 제자들과 교회의 신분증입니다. 팔복을 지키냐 마느냐는 그리스도인들을 시험하는 것이며 교회를 시험하는 것이기도 합니다. 팔복은 사회에 유행하는 가치관을 뒤집어놓습니다. 그리스도인들과 교회가 사회의 풍조에 매몰되지 않으려면 반드시 팔복을 삶의 강령으로 지켜야 합니다.

제1복의 주제는 '가난함'입니다. 마태복음과 누가복음이 조금 다른 것은 전자는 '심령이 가난한 자'(poor in spirit) 즉 '겸손한 사람'을 가리키고, 후자는 '가난한 자'(who are poor) 즉 사회 경제 생활에서 빈궁한 사람을 가리킵니다.

'가난함'의 기본 뜻은 물질생활의 기본 수요가 결핍하여 굶주리고, 불행하며, 사회에서 다른 사람들에게 억압당하고 사회적 변두리에 처해 있음을 말합니다. 구약 시대의 이스라엘은 많은 경우 정처 없이 떠돌고 여러 세계 강국들의 연이은 억압을 받는 상태였습니다. 애굽에서 노예로 살았던 경력은 그들에게 노예 근성을 만들었습니다. 그러나 여호와 하나님이 그들을 애굽에서 구해내어 자유로운 백성이 되게 하셨습니다. 여호와는 가난한 자의 하나님입니다. 이는 구약의 일관된 주제입니다.

율법서는 이스라엘이 안식년을 지킬 것을 요구합니다. 구약의 율법에서 안식년에 나오는 소출은 너와 네 남종과 네 여종과 네 품꾼과 너와 함께 거류하는 자들이 먹을 것으로 삼으라고 하셨고, 여호와는 고아와 과부를 위하여 정의를 행하시며 나그네를 사랑하여 그에게 떡과 옷을 주신다고 하셨습니다(레 25:6-7; 신 10:18).

구약 율법의 전체 체계는 공평과 정의를 최고의 원칙으로 하는데 이 역시 가난한 자의 권리가 침해당하지 않도록 하기 위해서입니다. 이런 의미에서 누가복음은 "너희 가난한 자는 복이 있나니 하나님의 나라가 너희 것임이요"라고 선포하시면서 예수님께서 하나님의 나라를 이 세상에 임하게 하여 가난한 사람들이 보호받을 것임을 표명합니다.

그러나 하나님의 구원은 개인의 경제 상황이나 사회적 위치를 조건으로 삼는 것이 아니라 사람의 마음 중심을 봅니다. 가난한 사람이 천국의 축복을 얻을 수 있는 것은 그가 마음으로 더욱 자기 자신을 변화시키기를 원하기 때문입니다. 그들은 운명이 자신의 손에 달려 있다고 교만하게 여기지 않고, 자신의 능력에 자만하지 않습니다. 하나님 나라가 부를 때 그들은 심령으로 그 부르심에 응답할 수 있습니다.

따라서 '심령이 가난한 사람'은 곧 겸손하고 낮출 줄 아는 사람입니다. 당시 유대 문화에서 '가난한 사람'이라는 단어는 항상 '주님을 사랑하는 사람'(hasid) 혹은 '경건한 사람'과 같은 의미로 쓰였습니다. 이는 역시 야고보서 2장 5절에서 말씀하신 바와 같습니다.

> "하나님이 세상에서 가난한 자를 택하사 믿음에 부요하게 하시고 또 자기를 사랑하는 자들에게 약속하신 나라를 상속으로 받게 하지 아니하셨느냐."

그들은 마음이 겸허하기에 하나님의 은혜에 대하여 믿음의 반응을 하고 하나님과 서로 사랑하는 천국에 들어갈 수 있습니다. 그러므로 누가복음과 마태복음이 두 가지 차원에서 말씀하시는 '가난함'은 결코 서로 모순되는 것이 아니라 오히려 서로 보완하는 것입니다.

예수님께서 이 땅에 계셨던 일생은 이 두 차원에서 모두 '가난함'의 모범을 보여주셨습니다. 실제 경제 사회 면에서 예수님은 매우 가난하였습니다. 예수님은 집도 없었고 땅이나 포도원도 없었습니다. 늘 결핍함에 처해 있었고 굶주림을 겪었습니다. 마태복음 8장 20절에서 말씀하신 바와 같습니다.

"예수께서 이르시되 '여우도 굴이 있고 공중의 새도 거처가 있으되 인자는 머리 둘 곳이 없다' 하시더라."

인간 세상에 오신 예수님은 친근한 친척이나 친구들도 없었습니다. 예수님께서는 최고의 모범적인 '가난함'을 보여주셨지만 그의 영에는 겸손함과 낮추심이 가득하셨습니다. 그는 본래 하나님의 형상이셨지만 완전히 자신을 내려놓으시고 자신의 신성(神性)을 비우시며 오히려 죄의 노예 모양을 취하셨습니다. 권력도 없고 지혜도 없고 영광도 없었습니다. 이것이 바로 철저한 '가난함'입니다. 예수님은 아무것도 가지지 않았고 심지어는 마지막에 자신의 생명까지도 완전히 잃으셨습니다. 니사의 그레고리(Gregory of Nyssa)는 이렇게 말합니다.

"주님에게 있어서 종의 모습을 취한 것보다 더 철저한 가난함이 무엇이 있겠는가? 우주의 왕에게 있어서 우리 불쌍한 본성과 함께하신다는 것보다 더 겸손한 일이 어디 있겠는가?"[19]

만약 오직 가난함을 위해서만 고행을 강행한다면, 예수님의 물질적인 가난함은 아마 사해 부근의 사막에서 은둔하며 수련하는 유대인보다는 좀 덜할지도 모릅니다. 심지어 "낙타털 옷을 입고 허리에 가죽 띠를 띠고 음식은 메뚜기와 석청"이었던 세례 요한보다도 덜할 수 있습니다. 그러나 예수님의 영적으로 가난함(겸손)과 삶의 가난함은 모두 하나의 내재적인 동기를 가리킵니다. 그 동기는 예수님의 가난함에 최고의 의미를 부여합니다. 고린도후서 8장 9절은 예수님의 가난함이 다음과 같은 의미가 있다고 말합니다.

"우리 주 예수 그리스도의 은혜를 너희가 알거니와 부요하신 이로서 너희를 위하여 가난하게 되심은 그의 가난함으로 말미암아 너희를 부요하게 하려 하심이라."

예수님의 가난함은 그분의 내재적인 '사랑'을 드러내는 것입니다. 그렇다면, 오늘날의 우리는 어떻게 예수님을 따르고 예수님의 가난함을 배워야 할까요?

예수님의 가난함을 배운다는 것은 곧 예수님처럼 가난한 삶을 사

---

19) Gregory of Nyssa, "The Beatitudes", 1, Hilda C. Graef, trans., vol, 18, *Ancient Christian Writers*, Johannes Quaesten and Joseph C. Plumpe, eds. (Westminster, MD.: Newman, 1954), p. 91.

는 것입니다. 예수님은 그의 가난함으로 우리에게 '마음과 물질'(心物)의 관계를 어떻게 처리해야 하는지를 보여주셨습니다. 천국에 들어가는 사람은 가난한 사람들이고 마음이 물질에만 빠져 있는 사람들이 아닙니다. 가난한 삶에 만족하는 사람과 가난한 삶을 추구하는 사람은 자신들이 이 땅에서는 나그네의 삶임을 알고 있는 사람들입니다. 이들은 땅 위의 모든 만물은 전부 피조물로써 이것들이 심령을 차지할 수 없고 생명의 주인이 될 수 없음을 진정으로 인식한 사람들입니다.

가난한 삶은 사람의 마음을 외적인 물질의 올가미에서 벗어나게 하는 일종의 훈련입니다. 가난한 삶은 세상 사람들을 향한 소리 없는 침묵이지만 결연한 선포입니다. 이 세상은 사라질 것이고, 그리스도인의 영원한 거처는 이 세상에 있지 않으며, 나그네의 삶을 사는 여행객을 이끄는 것은 저 멀리에 있는 하늘 본향입니다.

또한 가난한 그리스도인의 삶은 타인과 자연에 대한 책임을 드러내기도 합니다. 오늘의 세상에서 사람들은 이미 소비문화의 노예가 되어 있습니다. 한 사람의 가치는 마치 그가 소유한 재물이나 부의 많고 적음이 결정하는 것마냥 치부하고 그가 얼마나 많은 소비를 하는가로 판단합니다. 사람들은 이미 상품 숭배주의의 노예가 되었습니다. 예수님은 자신의 가난함으로 이 소비문화의 풍조 속에서 우리를 신중하고 절제 있는 삶을 살도록 일깨워줍니다. 성 프란시스는 자신의 형제들에게 이렇게 말했습니다.

"너희들은 마땅히 주님이 우리에게 주신 것에 만족해야 한다. 필수적인 것을 초과하여 너희가 취하고 사용하면 그것은 절도죄이다. 네가 취하는 것은 항상 네가 필요한 것보다 조금 적은 것이어야 한다. 이로써 네가 취한 것이 너의 형제의 몫이 될까 조심하라."[20]

생태 환경이 갈수록 악화되는 오늘날, 과도하게 팽창된 소유는 타인의 재물을 침범하고 미래의 자손들이 생활하는 데 필수적인 자원마저도 훔치는 것입니다.

만약 가난함이 단지 사람과 사물간의 관계를 표현하는 것이라면, 이는 하나의 중성적인 개념입니다. 사람은 소유가 비교적 적은 상황에서도 여전히 즐겁고 행복할 수 있습니다. 소박한 삶은 사람을 자유롭게 합니다. 그러나 현실 속에서 가난함은 흔히 사람의 죄성의 결과입니다. 사람들은 물질에 대한 탐욕으로 혹은 타인에 대한 통제를 위하여 다른 사람의 정상적인 욕구를 박탈함으로 사회에 빈곤이 생기게 됩니다. 더 깊은 차원에서 인간의 죄성은 재산 소유의 불공평을 빌어 정치, 법률과 폭력을 수단으로 가난한 사람들을 멸시하고 모욕하고 핍박합니다.

이러한 사회에서 그리스도인들이 만약 예수님의 가난함을 따르려면 자신을 비우고 가난한 사람이 되어야 합니다. '우리의 연약함'을 대신하고 '우리의 질고'를 감당하신 예수님을 본받아야 합니다. 그리스도의 제자들은 예수님의 겸허한 사랑으로 사람들 속에서 가난하고 업신당하고 역경 속에서 고난을 당하는 이들을 찾아내어 품어주어야 합니다. 만약 우리가 어떤 일을 하든지 그것이 사람들 중에 가

---

20) Brother Leo of Assisi, *The Mirror of Perfection: Being a Record of Saint Francis of Assisi*, trans. Constance Countess de La Warr, London: Burns and Oats, 1902, p. 20.

장 작은 한 사람에게 한 일이라면 그것이 곧 주님에게 한 일입니다.

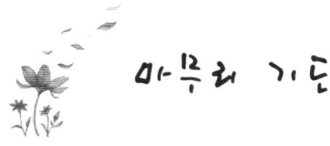
마무리 기도

그리스도시여,
당신은 자신을 비우시고 종의 모습을 취하시어 이 세상에 오셨습니다.
당신의 가난한 삶 속에서 우리에게 천지간에 가장 심오한 비밀을 열어 주셨습니다.
하나님은 곧 사랑이십니다.
간구하오니, 우리 안에 들어오셔서 당신의 겸허한 가난을 우리 삶 속에서 살아내 주소서.

당신은 가난함으로 태어나셨지만 온유하게 우리를 대해 주셨습니다.
간구하오니, 우리가 당신의 그릇이 되어 가난한 사람, 겸손한 사람을 위로하게 하시고 당신이 인류에게 허락해 주신 영원한 희락을 받아들이게 하옵소서.

그리스도시여,
당신은 인간으로 태어나심으로 구원의 큰 권능을 이 세상에 불어넣어 주셨습니다.
간구하오니, 당신의 생명의 숨을 끊임없이 이 깨어지고 가난한 세상에 불어넣어 주셔서 눈먼 자에게 광명을, 연약한 자에게 힘을, 고난 받는 자에게 위로를 주소서.

아멘!

15. 애통하는 자

> **묵상 본문**

"애통하는 자는 복이 있나니 그들이 위로를 받을 것임이요"(마 5:4). "지금 우는 자는 복이 있나니 너희가 웃을 것임이요…화 있을진저 너희 지금 웃는 자여 너희가 애통하며 울리로다"(눅 6:21, 25).

> **묵상 질문**

1. '애통함'이 인생의에 있어서 어떤 가치가 있습니까? '비통함'이라는 감정이 그리스도인들에게 어떠한 영성을 의미하게 될까요?

2. 예수님의 애통과 기쁨은 아담의 애통과 기쁨과 어떤 호응 구조를 이룹니까?

3. 예수님의 생애에서 몇 번의 애통함이 있었나요? 그 일들은 각각 어떠한 영성을 의미합니까?

4. 그리스도인들은 왜 애통해야 합니까? 베드로는 닭이 울자 심하게 통곡하였는데 그의 애통함은 우리가 회개하는 애통함을 묵상하는 데 어떤 의미가 있습니까?

15일

제1복은 예수님이 가난한 사람들을 축복하신 것이고, 제2복은 애통하는 사람을 축복하신 것입니다.

제2복이 마주 대한 것은 인류의 가장 기본적인 감정인 비통함과 기쁨입니다. 예수님께서 말씀하신 팔복은 모두 '실제적인 것'과 '마땅한 것'입니다. 현재의 처지와 미래의 운명 사이에 만들어지는 긴장감은 예수님의 청중들이 이 장력 속에서 생명의 진정한 의미를 성찰하고 미래에 대한 소망 가운데서 현재의 삶을 점검하게 합니다. 팔복이 강조하는 것은 모두 운명의 역전입니다.

'팔복'은 예수님의 일생을 가리키기도 하고 모든 그리스도인의 인생을 가리키기도 합니다. 예수님에 대해서는 그의 성육신이 인류 운명을 전환시키신 것임을 강조합니다. 한 사람 한 사람의 그리스도인의 생명에 대해서는 복음이 한 생명마다 인생을 철저히 전환시키심을 의미합니다. 그러나 팔복 중에서 유독 제2복만이 현실과 미래를 직접적으로 대립시키며 애통을 희락으로 대체합니다.

희비는 사람의 마음이 세상과 부딪칠 때의 직접적인 감정입니다. 희비는 사람의 마음을 비추어 냅니다. 사람의 마음이 무엇을 가장 귀하게 여길 때 그것을 잃어버리거나 얻게 되면 슬프거나 기쁩니다. 그러나 희비는 분리되어 있는 것이 아닙니다. 이는 한 사물의 두 측면이며 인생의 길에서 '밝음과 어둠'(一陽一陰)입니다. 성경은 우리에게 이 두 가지 가장 원형적인 희비의 교차를 알려주는데, 하나는 아담과 하와의 희비이고, 다른 하나는 예수님의 희비입니다.

　하나님은 자신의 '형상'대로 아담과 하와를 지으시고, 그들을 에덴동산에 두어 하나님과 인간이 함께하는 행복을 누리게 하셨습니다. 그러나 마귀의 유혹으로 인해 하와가 그 나무의 열매를 본즉 먹음직도 하고 보암직도 하고 지혜롭게 할 만큼 탐스럽게 여겨졌습니다. 그래서 하나님의 명령을 어기고 그 열매를 따서 아담과 같이 먹었습니다. 이 열매를 먹는 불순종은 잠시 그들을 신나게 하였지만, 바로 뒤따라오는 고통은 동산에서 쫓겨나고 평생 힘들게 노동하며 수고하는 것이었습니다. 그들은 원래는 '웃고 기뻐하는 사람'이었는데 이제는 '울고 슬퍼하는 사람'이 되어 버렸습니다.

　예수님은 말씀이 육신이 되어 이 세상에서 구원 사역을 시작하셨습니다. 예수님은 사람들이 받아야 할 죽을 수밖에 없는 운명 때문에 눈물을 흘리셨고(요 11:35), 십자가의 못 박히는 고통으로 크게 소리를 지르셨습니다(막 15:34). 그러나 이러한 큰 슬픔이 오히려 사람들의 생명에는 큰 기쁨을 주었습니다. 예수님의 큰 슬픔 속에서 인류는 희락을 얻게 되었습니다. 우선은 영적 차원에서 인간은 하나님과의 관계를 회복하였습니다. 그리고 실질적인 차원에서 사람과 사람 사이에 서로 사랑을 주고받게 되었고, 사람은 자연 만물 속에서 평안을 누리게 되었습니다.

　"지금 우는 자는 복이 있나니 너희가 웃을 것임이요"라는 예수님의 이 축복은 우리에게 슬픈 울음이나 기쁜 웃음이나 모두 그 나름의 가치가 있음을 깨우쳐줍니다. 슬픈 울음은 사람들에게 고난의 진실과 보편화를 인식하게 합니다. 그리하여 진실하게 고난과 그 고난의 근원들을 대할 수 있게 하며, 결국 사람을 더욱 성숙하고 단단하게 합니다. 또한 슬픈 울음은 다른 고난을 받고 있는 사람에게 다가가게 하고, 그들을 같은 마음으로 동정하게 하며, 그들의 고통을 같이 느끼게 합니다. 그리고 예수님의 삶 속에는 기쁜 웃음도 있었습니다. 희락과 기쁨은 신약 성경의 페이지마다 나타난다고 할 수 있습니다.

성경은 '어린양의 혼인 잔치'로 예수 안에서 이루어진 하나님과 사람 사이의 평화, 사람과 사람 사이의 즐거움, 사람과 자연 사이의 화목을 비유합니다. 예수님께서 질책하시는 웃음은 자기중심적이고 자기가 남보다 낫다고 생각하며 다른 사람을 비웃는 웃음, 혹은 자신의 욕망을 목표로 삼고 심지어 다른 사람의 고통을 대가로 취한 이기적인 만족의 웃음입니다.

말씀이 육신이 되어 이 세상에 오신 예수님은 진실된 인성을 가지셨습니다. 예수님은 간고를 많이 겪었으며 항상 멸시를 당하셨습니다(사 53:3). 예수님의 '애통하는 자'에게 주시는 축복을 깨달으려면 오직 예수님을 참조로 삼아야만 합니다. 예수님의 첫 번째 애통하심은 예루살렘을 위해 우셨던 일입니다. 누가복음 19장 41절과 마태복음 23장 37-38절을 보면, 예수님께서 예루살렘에 가까이 도착하셔서 그 성을 보시자 곧 우시면서 말씀하십니다.

"예루살렘아 예루살렘아 선지자들을 죽이고 네게 파송된 자들을 돌로 치는 자여…보라 너희 집이 황폐하여 버려진 바 되리라."

여기에서 예수님은 이 세상의 완악한 마음을 보시고 우신 것입니다. 예루살렘은 세상에서 가장 성결한 도시와 무리들을 상징하는

데, 그러한 예루살렘마저도 보내신 선지자들을 돌로 쳤습니다. '평화의 도성'이 평안하지 않았습니다. 이처럼 죄악이 깊고 목적을 잃었으며 폭력을 좋아하는 세상을 바라보시면서 예수님께서 우셨는데, 이는 그의 마음속 죄인들을 향한 깊은 사랑을 표출한 것입니다.

이외에 예수님이 우신 일은 요한복음 11장 33-35절에 나옵니다.

> "예수께서 그(마리아-역자 주)가 우는 것과 또 함께 온 유대인들이 우는 것을 보시고 심령에 비통히 여기시고 불쌍히 여기사 이르시되 '그(나사로-역자 주)를 어디 두었느냐?' 이르되 '주여 와서 보옵소서' 하니 예수께서 눈물을 흘리시더라."

모든 사람이 죽음을 슬피 우는 그 자리에서 예수님도 뭇사람들처럼 우셨습니다. 우주를 창조하신 주인이신데 한 사람의 무덤 앞에서 예수님은 자신의 크신 권능을 직접 사용하셔서 바로 죽은 자를 살리지 않으시고 오히려 다른 사람들처럼 함께 우셨습니다. 예수님의 이 우심은 우리에게 어떤 의미를 시사합니까? 그분이 함께 슬퍼하심은 인간에 대한 하나님의 사랑을 보여주십니다. 인생 고난의 순간순간마다 예수님은 언제나 고통받는 사람과 함께 우십니다.

죄와 사망 앞에서 곤고해 하고 애통하는 것이 진실되다면 예수님도 그분의 진실된 인성으로 우리의 곤고와 애통 속에 참여하십니다. 그분의 애통 속에서 그분과 사랑의 관계를 세우도록 요청하시고 함께 나아가기를 요청하십니다. 동시에 예수님은 고난 속에서 우리가 희망을 볼 수 있기를 원하십니다. 우리가 겪는 고난 속에는 주 예수의 슬퍼하심이 함께 있기에 확신할 수 있습니다.

"수고하고 무거운 짐 진 자들아 다 내게로 오라 내가 너희를 쉬게 하리라"(마 11:28).

주님이 우리와 함께 슬퍼하시기에 우리는 "애통하는 자는 복이 있나니 그들이 위로를 받을 것임이요"라는 말씀을 확신할 수 있습니다. 그렇기 때문에 예수님은 나사로의 무덤 앞에서 슬피 우셨고, 동시에 예수님의 제자가 되고자 하는 모든 사람에게 하나의 모범을 보여주셨습니다. 곤고한 사람과 함께 우는 것이 우리가 사랑으로 다른 사람의 삶에 들어가는 첫걸음입니다.

또한 성경은 예수님께는 없었으나 그리스도인의 삶 속에서 항상 있는 또 다른 애통함을 말씀합니다. 가장 대표적인 예는 바로 베드로입니다.

예수를 잡아 끌고 대제사장의 집으로 들어갈새 베드로가 멀찍이 따라가니라. 사람들이 뜰 가운데 불을 피우고 함께 앉았는지라. 베드로도 그 가운데 앉았더니 한 여종이 베드로의 불빛을 향하여 앉은 것을 보고 주목하여 이르되 "이 사람도 그와 함께 있었느니라" 하니 베드로가 부인하여 이르되 "이 여자여 내가 그를 알지 못하노라" 하더라. 조금 후에 다른 사람이 보고 이르되 "너도 그 도당이라" 하거늘 베드로가 이르되 "이 사람아 나는 아니로라" 하더라. 한 시간쯤 있다가 또 한 사람이 장담하여 이르되 "이는 갈릴리 사람이니 참으로 그와 함께 있었느니라" 베드로가 이르되 "이 사람아 나는 네가 하는 말을 알지 못하노라"고 아직 말하고 있을 때에 닭이 곧 울더라. 주께서 돌이켜 베드로를 보시니 베드로가 주의 말씀 곧 "오늘 닭 울기 전에 네가 세 번 나를 부인하리라" 하심이 생각나서 밖에 나가서 심히 통곡하니라(눅 22:54-62).

회개는 마음의 애통함에서 시작됩니다. 마음에 아픔이 있다는 것은 돌과 같던 마음이 이제 피와 살의 마음으로 바뀌고 있다는 것입니다. 그리스도인에게 회개하는 애통함은 바로 우리가 마음을 다하여 예수님이 죄인들을 대할 때 보이신 '아픔의 사랑'에 참여하는 데서 나옵니다. 정확히 말하면, 사람의 마음속에 죄의식이 싹틈은 인성 자아가 가진 '시비의 마음'에서 각성해서 나오는 것이 아닙니다. 그것은 예수님의 은혜의 빛이 주신 선물입니다.

회개는 표면적으로는 '깨달음'이라는 형식을 취하지만, 실질적으로는 성령이 위에서부터 내려오면서 찾고 부르시기 때문에 우리가 회개할 수 있습니다. 성령의 은혜가 없다면, 예수님이 계시하신 빛의 말씀이 없다면, 죄 중에 빠진 사람이 어찌 자기가 어둠 속을 걷고 있다는 것을 알 수 있겠습니까? 다시 말하면, 회개의 애통함 이후에 오직 성령의 인도와 도움을 의지해야만 새로 거듭난 그리스도인의 생명이 '날마다 새로운' 성장의 길로 걸어갈 수 있다는 것입니다.

애통함 속에서 하는 회개는 아담이 열어놓은 "너희 지금 웃는 자는 화가 있을 것이다"라는 길을 떠나 예수님께서 열어놓으신 "애통하는 자는 복이 있도다"라는 길에 들어설 수 있습니다. 이러한 애통은 일종의 역설이며 신비입니다. 사람이 죄의 어두움을 인식하는 그 순간, 그는 이미 빛의 길에 들어선 것입니다. 죄로 말미암아 애통함을 느낄 그때는 이미 그리스도의 은혜를 받기 시작했다는 것이고, 삼위일체 하나님의 위로를 받기 시작했다는 것입니다.

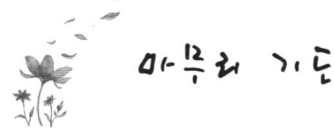

마무리 기도

그리스도시여,
당신은 이 세상에 오셔서 모든 사람에게 비추시는 참빛입니다.
간구하오니, 그 빛으로 언제나 이 세상의 어둠을 밝혀주소서.

간구하오니, 우리에게 영적으로 민감한 마음을 허락해 주셔서 세상의 사악한 세력에 대해 항상 경각심을 유지하게 하시고, 죄악으로 상처 입은 사람과 함께 울며 동행하게 하옵소서.

간구하오니, 당신의 지혜의 빛을 우리 안에 비추사, 우리가 범한 죄를 기억하고 애통케 하옵소서. 우리를 당신의 광명한 나라로 부르사 어두운 세력의 사슬에서 벗어나게 하옵소서.

간구하오니, 우리에게 가까이 하시고 정결하게 하사 성령 안에서 날마다 새로워지는 바른 길을 가게 하소서. 당신에 대한 우리의 신뢰를 견고케 하사 구원에 대한 소망을 부흥시켜 주시고 이웃에 대한 사랑이 커지게 하소서.

아멘!

16. 온유한 자

묵상 본문

"온유한 자는 복이 있나니 그들이 땅을 기업으로 받을 것임이요"(마 5:5).

"너희 마음에 그리스도를 주로 삼아 거룩하게 하고 너희 속에 있는 소망에 관한 이유를 묻는 자에게는 대답할 것을 항상 준비하되 온유와 두려움으로 하고"(벧전 3:15).

묵상 질문

1. '온유함'이란 어떠한 성품입니까?

2. 예수님의 생애에서 그의 온유한 성품은 어떻게 드러납니까?

3. 그리스도인의 온유함은 어떻게 믿음-소망-사랑이라는 성령의 열매에 뿌리를 내리고 있습니까? 어떻게 일상의 삶 속에서 '온유함'을 훈련해야 할까요?

16일

'온유함'이란 무엇입니까? 이는 사람의 한 가지 품격이고, 다른 사람과의 교제에서 드러나는 모범입니다. 이는 사람의 내적인 겸허한 품성입니다. 자기중심적이거나 교만하지 않고 오히려 다른 사람의 장점을 발견하고 타인을 존중하며 예의 있게 사람을 대합니다. 이 때문에 구약 성경에서도 '온유함'에 대해 매우 높게 평가합니다. 잠언 15장 4절에서는 "온순한 혀는 곧 생명나무"라고 했고, 모세의 일생을 평가할 때 민수기 12장 3절에서는 "이 사람 모세는 온유함이 지면의 모든 사람보다 더하더라"고 하면서 모세의 온유함을 강조합니다.

그러나 이 '팔복'에서 말하는 것은 일반적인 의미의 온유가 아닙니다. 이는 그리스도를 중심으로 예수님을 본받는 것을 가리킵니다. 왜냐하면 예수님이 곧 온유의 모범이기 때문입니다. 그리고 이는 그리스도와 함께 교감하는 영성 속에서 드러나는 온유함을 가리킵니다. 왜냐하면 '그리스도가 내 안에 사신다'라는 것이 드러나는 생명 상태이기 때문입니다.

예수님은 자신이 온유한 성품을 가졌으며 이를 배우라고 말씀하신 적이 있습니다.

> "나는 마음이 온유하고 겸손하니 나의 멍에를 메고 내게 배우라 그리하면 너희 마음이 쉼을 얻으리니"(마 11:29).

산상수훈에서 예수님은 항상 구약의 모세 율법을 먼저 인용하십니다. 왜냐하면 구약 율법은 공평과 정의를 견지하는 것이 원칙이고, 인류 사회가 작동할 수 있는 기본 준칙이기 때문입니다. 그러나 구약을 인용하신 후에 예수님은 언제나 "나는 너희에게 이르노니"라고 말씀하십니다. 이것은 그리스도인이 자신의 윤리 기준을 더욱 한 단계 상향할 것을 요구하시는 것입니다.

예를 들면, 원수를 사랑하고 자신을 핍박하는 자를 위해 기도하라고 하십니다. 누군가가 속옷을 원한다면 겉옷까지도 내어주라고 하십니다. 이러한 명령들이 에워싸고 있는 핵심은 바로 이것입니다. 온유함은 공의보다 더 높은 것이고, 용서는 공평보다 더 크다는 것입니다.

예수님이 성육신하셔서 많은 사람의 속죄를 위하여 죽으시면서 자신의 생애를 온유를 실천하는 일생으로 삼으셨습니다. 이사야서의 고난받는 종의 노래가 바로 예수님의 '죽기까지 온유'하신 생명의 본질을 심도 있게 묘사합니다.

> "그가 곤욕을 당하여 괴로울 때에도 그의 입을 열지 아니하였음이여 마치 도수장으로 끌려가는 어린 양과 털 깎는 자 앞에서 잠잠한 양 같이 그의 입을 열지 아니하였도다"(사 53:7).

예수님이 십자가에서 죄 없이 못 박혀 죽으실 때, 하늘 아버지에게 간청하셨습니다.

> "아버지 저들을 사하여 주옵소서. 자기들이 하는 것을 알지 못함이니이다"(눅 23:34).

이 모든 것은 사람들을 향한 예수님의 지극한 온유함을 표현하는 것입니다.

예수님이 십자가에서 온유하게 죽임을 받으신 것은 우리를 향해 감추어진 신비인 신성의 다른 한 면을 보여주신 것입니다. 온유, 용서와 순종은 하나님의 권능의 표징입니다. 진정한 권능은 자신을 다른 사람 위에 높이 추켜세우는 것이 아니라 자기를 겸손히 낮추고 다른 사람을 섬기며 다른 사람을 높이는 것입니다. 여기에서 예수님은 온유함을 높이 드심으로 사람들의 승리, 권능, 영광에 대한 세속적인 상상을 뒤집으셨습니다.

"한 장수의 성공은 만 사람의 해골로 세워진다"(一將功成萬骨枯)라는 말처럼 세속 역사에서 위인들은 다른 사람의 희생으로 자신의 영광을 이루고 있습니다. 그러나 십자가 위의 예수님은 사람들에게 분명하게 다른 메시지를 전합니다. 진정한 승리는 타인의 희생으로 이루어지는 것이 아니라 자신을 희생하는 것입니다(victor because victim).

온유한 사람은 "땅을 기업으로" 받습니다. 왜냐하면 그들은 이 세상 강자들의 논리를 따르는 것이 아니라 천국 율법을 삶의 준칙으로 삼고 예수님과 함께 영생하는 약속의 땅으로 들어가기 때문입니다. 온유한 사람은 언행으로 다른 사람들의 마음을 얻습니다. 사람의 마음은 그들이 기업으로 받을 '땅'입니다. 온유한 사람은 자신을 낮춤을 달게 받아들이고 이 땅에서 권리를 박탈당하고 소리 없이 능욕을 받는 사람과 함께 서 있습니다. '가난한 자'의 얼굴에서 예수님의 얼굴을 보며 땅 끝까지 그들과 함께 하면서 "여호와를 소망하는 자들은 땅을 차지"하게 될 것입니다(시 37:9).

그리스도인들에게 있어서 온유함은 자기 힘으로 이룰 수 있는 미덕이 아니라 삼위일체 하나님께서 우리에게 주신 선물입니다. 이는 '성령의 열매' 중의 하나입니다(갈 5:22-23). 이는 그리스도가 우리를 위하여 얻어내신 상급입니다. 골로새서 3장 12절이 말씀하신 바와 같습니다.

"너희는 하나님이 택하사 거룩하고 사랑받는 자처럼 긍휼과 자비와 겸손과 온유와 오래 참음을 옷 입고."

온유한 품격은 그리스도인의 생명 속에 있는 하나님으로부터 온 세 가지 덕목입니다. 즉 믿음, 소망, 사랑입니다. 우선, 온유함은 우리 마음 깊이 있는 그리스도에 대한 믿음으로부터 직접적으로 나오는 것입니다. 믿음은 우리로 하여금 "마음에 그리스도를 주로 삼아 거룩하게" 합니다(벧전 3:15).

히브리 전통에서 '거룩'은 곧 '구별'입니다. '거룩하게 하다'는 말은 숭배하는 대상과 세상을 철저히 구분하고 전적으로 신성한 초연적인 길을 따라감을 의미합니다. '그리스도를 주로 삼아 거룩하게 하다'라는 말은 믿음 안에서 그리스도의 길과 세속의 차이를 투철하게 알고 예수님께서 보여주신 삶의 모범을 따라 모든 세속적인 요소들을 배제하며 예수님의 온유함을 배운다는 것을 의미합니다.

다음으로, 온유함은 그리스도인 마음속의 소망에서 나오는 것입니다. 마음에 영생과 천국에 대한 소망이 충만하고 "그 앞에 있는 기쁨을 위하여"(히 12:2) 살아갈 때 우리는 부끄러움을 가볍게 여기고 십자가 삶의 길의 고난을 견디어낼 수 있습니다. 그리고 폭력과 원한

이 가득한 이 세상에서 온유한 마음으로 모두를 대할 수 있습니다.

마지막으로, 온유함은 하나님의 사랑과 공의가 하나로 융합된 표현이라는 것입니다. 온유한 사람은 '두리뭉실한 사람'이 아닙니다. 공의로운 분노를 배제하지 않습니다. 예수님께서 대제사장에게 심문을 받으실 때, 그 수하가 손으로 때리자 예수님은 왼쪽 뺨을 돌려대시고 더 때리게 하신 것이 아니라 오히려 그 수하에게 또박또박 질책하십니다.

"내가 말을 잘못하였으면 그 잘못한 것을 증언하라. 바른 말을 하였으면 네가 어찌하여 나를 치느냐?"(요 18:23)

그러나 온유함은 분노를 조절할 수 있습니다. 평화롭고 공의로운 속에서 죄인들을 대할 수 있게 합니다. 온유함은 죄는 미워하지만 죄인을 사랑하게 합니다. 늘 평등하게 죄인을 대하고 죄를 범한 사람의 존엄과 인격을 존중해 줍니다.

다른 품격과 마찬가지로 온유는 그리스도인의 영성 생활에서 맺는 열매 중의 하나입니다. 온유함은 인성과 신성의 융합으로써 끊임없이 말씀에 가까이 가고자 하는 마음이 필요합니다. 온유함은 일부 목회자에게만 국한되는 것이 아니라, 예수님의 모든 제자들이 반드시 수련해야 할 덕목입니다. 이는 일부 특정한 장소나 어느 순간에만 국한되는 것이 아니라 모든 삶에서 자연스럽게 흘러나와야 합니다. 서양의 기독교 전통이든 아니면 중국 본토 문화에서든 우리에게 풍부한 깨달음과 온유함을 훈련할 영성 자원을 제공하고 있습니다.

17세기 프랑스에 살고 있던 로렌스 형제(Brother Lawrence, 1605-1691)는 한 수도원의 잡부였습니다. 그는 마부도 했고 주방에서 보조도 했고 나중에는 구두 수선공도 했습니다. 그가 세상을 뜬 후 그의 편지들과 담화들은 《하나님의 임재 연습》(The Practice of the Presence of God)이라는 소책자로 출판되었습니다. 로렌스에게 있어서 하나님은 언제 어디서든지 항상 우리 곁에 계십니다. 그러므로 땔나무 지게를 지든 아니면 물지게를 지든 이 모든 일은 기도와 함께했습니다.

> "주방의 소란스러운 소리 가운데서 많은 사람이 동시에 나에게 서로 다른 일을 하라고 지시할 때, 나에게는 언제나 하나님이 나와 함께 하셨다. 나는 평온하게 하나님께 기도한다. 마치 내가 가장 성스러운 예배 속에서 하나님께 기도하듯이 말이다."[21]

기도는 반드시 안정된 곳만을 필요로 하거나 기도를 위한 많은 준비가 필요한 것이 아닙니다. 기도보다 더 중요한 일도 없지만 기도만큼 쉬운 일도 없습니다. 즉 "마음을 위로 향하고", "조금 조금씩 집중하며", "점점 사랑으로 하나님에 대한 의식에 빠져들면" 하나님과 대화를 나눌 수 있습니다. 그리스도인들에 있어서 기도는 마음으로 예수님과 온유하게 대화하는 것입니다. 하나님 앞에 온유한 사람은 그 어떤 외부적인 환경에도 제약받지 않는 내적 세계를 만들 수 있습니다.

하나님 앞에서 온유함을 훈련하는 것은 지금 이 순간에, 작은 일

---

21) Brother Lawrence, *The Practice of the Presence of God: The Best Rule of Holy Life* (Woodstock, ON: Devoted Publishing, 2018), ed. by Anthony Uyl, p. 14.

로부터, 일상의 한 가지 활동으로부터 시작하는 것입니다. 모든 일에서 하나님을 발견해야 합니다. 하나님께서 함께 계심에 습관이 되어야 하고 동시에 그 속에서 기쁨을 누려야 합니다. 모든 세월 속에서, 삶의 매 순간마다 언제나 겸손하게 예수님과 대화를 나누어야 합니다. 친밀하게 예수님과 대화를 나누는 것에는 그 어떤 규칙을 지킬 필요도 없고 그 어떤 고정적인 절차도 없습니다.

시험을 당할 때, 고난을 받을 때, 피곤할 때, 외로울 때, 심지어 믿음이 흔들릴 때, 마음이 연약해질 때도 마찬가지입니다. 온유함을 훈련하는 것은 하나님의 섭리에 순종함을 습관으로 삼는 것이며 하나님께서 우리 삶에 정해 놓으신 모든 것을 흔쾌히 받아들이는 것입니다. 로렌스 형제는 이렇게 말합니다.

> "하나님께서 기쁘게 원하신다면 우리는 즐거이 고난을 받을 것이다. 하나님과 함께 고난을 받는 사람은 행복하다. 고난받는 것을 습관으로 해야 하며 고난 속에서는 오직 하나님께 고통을 견디어낼 힘을 간구해야 한다. 질병도 받아들여서 그것을 하나님으로부터 온 은혜로 삼아야 한다. 고난도 하나님의 손에서 나온 것이며, 고난은 하나님이 우리를 구원하는 데 사용되는 방편이다."[22]

하나님 앞에서 온유를 훈련하는 것은 세상과 다른 길을 가는 것이며, 그 길은 역방향의 "겸비의 길"(Little Way)입니다. 소화 데레사

---

22) Brother Lawrence, *The Practice of the Presence of God: The Best Rule of Holy Life* (Woodstock, ON: Devoted Publishing, 2018), p. 21.

(Teresa of Lisieux, 1873-1897)는 이렇게 말합니다.

"나는 영성이 상승하는 그런 하늘 사다리에 기어오르지 않겠다. 나는 다만 나를 데리고 올라갈 수 있는 그런 사다리를 찾고 싶다. 나는 너무나 미약하여 거룩한 성인이 되는 굴곡 있는 하늘 사다리를 기어오를 수 없다. 나는 큰 인물이 되려고 하지 않는다. 나는 오직 예수님의 손이 나를 천국에까지 들어 올려주시길 원한다."

그리고 또 이렇게 말합니다.

"당신이 높은 산에 오르려고 하지만 하나님은 당신을 아래로 내려가게 하신다. 그리고 그분은 겸손한 산골짜기에서 당신을 기다리신다."[23]

특별한 의미가 있는 것은, 중국어 성경은 온유를 헬라어 프라위스(πραεις, 영어로 meek)의 번역으로 채택하였다는 것입니다. 한자로 온(溫)과 유(柔) 두 글자는 이들과 예수님의 가르침의 결합을 묵상하게 합니다. 온(溫)은 삼수변이고, 물은 바로 예수님 생애의 품성에 대한 완벽한 해석입니다. 노자(老子)는 이렇게 말했습니다.

---

[23] Robert Feduccia, "Selections from The Story of a Soul", *Great Catholic Writings: Thought Literature, Spirituality, Social Action* (Winona, MN: Saint Mary's Press, 2006), p. 153.

"가장 선한 것은 물과 같다. 물은 만물을 이롭게 하면서도 다투지 아니하고, 모든 사람이 싫어하는 그곳에 자신을 둔다. 그러므로 물은 거의 도에 가깝다"[24]《도덕경》8장).

또한 노자는 물의 형상에서 강과 바다가 자연에서 갖는 위치까지 추론합니다.

"바다가 천하 하천의 왕이 될 수 있은 것은, 그가 낮은 곳을 좋아하기 때문이며, 그리하여 천하 하천의 왕이 된 것이다"[25]《도덕경》66장).

바다는 항상 지세가 낮은 곳에 처합니다. 그러나 바다의 이런 겸손함 때문에 모든 강물을 다 담아서 진정한 왕이 된다는 것입니다. 마치 예수님은 본래 만물의 주재이시지만 모든 사람들의 구원을 위하여 겸비한 인간이 되셔서 이 세상의 어떠한 권력도 차지하지 않으신 것과 같습니다. 물처럼 예수님은 아래로 내려가셔서 종의 모양을 취하셨고 사람들의 버림을 받고 십자가에 못 박히셨습니다. 예수님은 제자들에게도 자신처럼 되기를 격려하셨고, 물처럼 아래로 흐르며 사람들을 섬기라고 하셨습니다.

공자(孔子)도 물을 관찰하기를 좋아했습니다. 그리고 물에서 11가지 덕성을 요약해 냈습니다. 이것들은 예수님의 모습을 그대로 그린 것과 같습니다. 공자는 이렇게 말했습니다.

---

24) "上善若水. 水善利萬物, 而不爭; 處衆人之所惡, 故幾於道."
25) "江海之所以能爲百谷王者, 以其善下之, 故能爲百谷王."

"물이 두루 베풀어 주되 사심이 없는 것은 덕(德)과 같고, 흘러서 이르는 곳에 만물이 생장하는 것은 인(仁)과 같으며, 얕은 곳은 흘러 지나가고 깊은 곳은 헤아릴 수 없는 것은 지(智)와 같으며, 백 길이나 되는 골짜기를 의심 없이 내달리는 것은 용(勇)과 같고, 유약하면서도 미세한 곳까지 도달하는 것은 찰(察)과 같으며, 더러운 물건도 사양하지 않고 받아들이는 것은 어리석은 사람도 포용하는 것과 같고, 청결하지 못한 상태로 들어가 깨끗하게 되어 나오는 것은 교화(敎化)를 잘하는 것과 같으며, 용량을 헤아려 반드시 공평하게 받아들이는 것은 공정함과 같고, 가득 차도 평평하게 깎아내지 않는 것은 법도와 같으며, 수많은 굽이를 돌면서 반드시 바다로 흐르는 것은 불굴의 의지와 같다"[26] 《說苑·雜言》).

첫째, 물이 있어야 생명이 있습니다. 물은 만물을 키우며 사심이 없이 만물을 대합니다. 마치 예수님이 온 세상에 베푸시는 사랑의 품성과 같습니다.

둘째, 물과 접촉한 모든 사물은 생장하고 생존할 수 있습니다. 마치 예수님의 사랑의 마음과 같습니다.

셋째, 물은 언제나 아래로 흘러가며, 그 과정에서 만나는 사물들은 모두 자신의 도리대로 운행합니다. 마치 예수님의 정의와 같습니다.

---

[26] "遍予而無私, 似德 ; 所及者生, 似仁 ; 其流卑下句倨, 皆循其理, 似義 ; 淺者流行, 深者不測, 似智 ; 其赴百 之谷不疑, 似勇 ; 綿弱而微達, 似察 ; 受惡不讓, 似包 ; 蒙不淸以入, 鮮潔以出, 似善化 ; 至量必平, 似正 ; 盈不求概, 似度 ; 其萬折必東, 似意."

넷째, 물은 끊임없이 낮은 곳으로 흘러가지만 그 깊은 곳은 측량할 수 없습니다. 마치 예수님의 지혜와 같습니다.

다섯째, 만 길 깊이의 골짜기로 쏟아져 내려간다 해도 물은 조금도 주저함이 없습니다. 마치 예수님의 용감하고 결연한 품성과 같습니다.

여섯째, 물은 매우 미세한 곳에도 스며들 수 있습니다. 마치 예수님이 인성에 대해 감찰하는 것과 같습니다.

일곱째, 물은 더럽고 흐려진 곳을 피하지 않습니다. 마치 예수님이 죄인을 품으시는 것과 같습니다.

여덟째, 물은 깨끗하지 않은 사물도 용납하고 오히려 그것을 씻어 깨끗하게 합니다. 마치 예수님이 죄인을 감화시키고 치료해주시는 것과 같습니다.

아홉째, 물은 용기에 들어가면 곧 골고루 평평함을 유지합니다. 마치 예수님의 정직함과 같습니다.

열 번째, 물은 가득 차면 더 들어감을 멈추고 욕심을 부리지 않습니다. 마치 예수님의 절제와 같습니다.

열한 번째, 어떠한 역경이나 고난에도 물은 언제나 동쪽으로 흐릅니다. 마치 예수님이 하나님의 구속 의지를 흔들림 없이 실행하는 것과 같습니다.

온유의 유(柔)는 중국 문화에 있어서도 깊은 뜻이 있습니다. 노자는 부드러움을 물의 기본 특성으로 보지만, 세상에서 가장 강한 그 어떤 것도 가장 부드러운 물을 이길 수 없다고 합니다.

"천하에 물보다 유약한 것이 없다. 그러나 강한 것으로 공격하는 자 역시 물을 이길 수 없다. 물은 자신이 가지지 않은 것으로 그것을 바꾼다. 약함이 강함을 이기고, 부드러움이 강함을 이긴다"[27](《도덕경》 78장).

부드러움으로 강함을 이기는 것, 이것이야말로 예수님께서 십자가에서 보여주신 믿음의 진리입니다. 노자는 또 이렇게 말합니다.

"천하에서 가장 부드러운 것이 천하에서 가장 강한 것을 타고 다닌다"[28](《도덕경》 43장).

이 역시 물에 대한 묵상에서 나온 것입니다. 물은 가장 약하고 부드러운 것이지만 이 땅에서 갈래 갈래의 강줄기를 열 수 있으며, 오랜 기간 동안 떨어지는 물방울은 견고한 바위도 뚫을 수 있습니다. 마치 예수님의 복음처럼 말입니다. 왜냐하면 십자가에서의 약하고 부드러움은 사람들의 마음을 사로잡고 이 땅에서 오래되고 심원한 교회를 세우며 이로써 어두운 세상을 변화시킵니다. 노자가 깨달은 '부드러움이 강함을 이긴다'는 지혜는 예수님의 신분에 대한 사도 바울의 해석과 일맥상통합니다.

"하나님의 약하심이 사람보다 강하니라"(고전 1:25).

---

27) "天下莫柔弱於水, 而攻堅强者莫之能勝, 以其無以易之. 弱之勝强, 柔之勝剛."
28) "天下之至柔, 馳騁天下之至堅."

노자는 또 이렇게 말합니다.

"사람의 생명은 연약하고 부드럽다. 그러나 그 죽음은 강하다"[29] 《도덕경》 76장).

약하고 부드러움은 생명의 특징이고, 강하고 견고함은 사망의 특징입니다. 예수님의 온유함은 바로 하나님의 생명이 이 땅에서 살아 움직이는 표징입니다.

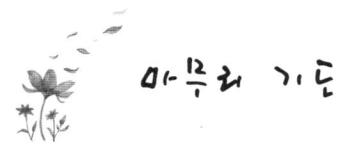

그리스도시여,
당신은 세상에 인간으로 태어나셨습니다. 온유한 마음으로 하늘 아버지의 십자가 구원의 뜻을 받아들였습니다. 우리를 구원하시기 위하여 우리를 성화시키셨습니다.

당신은 거룩하신 아버지가 우리의 몸에 덧입혀주신 의입니다.
간구하오니, 우리의 몸에서 온유함, 정의와 사랑의 새싹을 키워주소서.

당신은 심령의 의사입니다.

---

[29] "人之生也柔弱, 其死也堅强."

간구하오니, 주의 온유함으로 우리의 상처를 치유해 주소서.
우리도 주의 온유함으로 주변 사람들을 대하게 하옵소서.

간구하오니, 우리도 온유한 마음으로 만사 만물을 대하게 하소서.
만물이 당신의 뜻에서 나온 것임을 믿습니다. 어떠한 사물도 마땅히 없어야 할 것이 없음을 믿습니다. 모든 일에서 주의 마음을 발견하게 하옵소서.

아멘!

17. 의에 주리고 목마른 자

> **묵상 본문**

"의에 주리고 목마른 자는 복이 있나니 그들이 배부를 것임이요"(마 5:6).

"이 물을 마시는 자마다 다시 목마르려니와 내가 주는 물을 마시는 자는 영원히 목마르지 아니하리니 내가 주는 물은 그 속에서 영생하도록 솟아나는 샘물이 되리라"(요 4:13-14).

> **묵상 질문**

1. 우리는 어떻게 주리고 목마른 마음으로 하나님의 의를 구해야 합니까? 우리가 하나님의 의를 갈망하기 전에 하나님은 어떤 방식으로 우리를 갈망하십니까?

2. 무엇이 '하나님의 의'입니까? 하나님의 의는 우리와 하나님의 관계, 우리와 다른 사람의 관계, 우리와 자연의 관계에서 어떻게 표현됩니까?

3. 우리의 주리고 목마른 것이 마지막 때에 어린 양의 혼인 잔치에서는 충분히 만족을 얻게 됩니다. 그러나 우리가 "그리스도와 함께" 먹고 마시기 위해서 오늘날 주변 세상에서 주리고 목마른 사람들을 어떻게 대해야 할까요?

17일

모든 사람은 생활에서 배고프고 목마른 느낌을 받습니다. 배고픈 사람은 음식을 찾고 목마른 사람은 물을 찾는 것이 인간의 본성입니다. 예수님은 제4복에서 '의에 주리고 목마른 자'를 축복하십니다. 이 말씀에 대한 묵상은 우리에게 자기 자신에 대해 질문하도록 요구합니다. 우리는 어떻게 주리고 목마른 마음으로 하나님의 의를 구해야 합니까? 무엇이 '하나님의 의'입니까? 우리 주변에 있는 어떤 것들이 우리에게 '주리고 목마른' 일들이어야 합니까?

공자(孔子)는 이렇게 감탄한 적이 있습니다.

"나는 이제껏 덕을 좋아하기를 여색을 좋아하는 것처럼 하는 사람을 본 적이 없다"[30] 《論語·子罕》.

덕이나 의는 정신 차원에서 추구하고, 성(性)이나 음식은 생존 차원에서 필요합니다. 인류 정신문명의 차원에서 말하면, 의에 대한 추구는 끝이 없는 것이고 끊임없이 지속됩니다. 그러나 인류의 직접적인 생존에 필요한 음식과 물에 대한 추구는 원초적이지만 강렬한 것입니다. '의에 주리고 목마른 사람'은 곧 영성 추구를 생명의 가장 기본적인 필요로 삼고, 원초적이지만 직접적인 방식으로 '하나님을

---

30) "吾未見好德如好色者也."

대면'하기를 뜨겁게 갈망하는 사람입니다.

요한복음 4장에는 예수님과 사마리아 여인의 만남과 대화가 나옵니다. 거기에서는 "의에 주리고 목마른 사람은 반드시 배부를 것이다"라는 신비를 드러내 주십니다. 우리 한 사람 한 사람이 하나님을 갈망하는 것은 하나님께서 우리를 창조하실 때 우리 심령 깊은 곳에 심어 주신 갈망 때문입니다. 모든 목마른 사람은 물을 긷기 위해 우물에 나온 사마리아 여인처럼 우물가에서 기다리시는 예수님을 만나게 됩니다.

사실상 우리가 주님께 물을 구할 때 주님도 우리를 향하여 물을 달라고 하십니다. 그분은 먼저 "물을 좀 달라"고 하십니다(요 4:7). 이는 우리가 그리스도를 찾으려 할 때 그분이 이미 먼저 우리를 찾으셨다는 것을 뜻합니다. 그분이 우리를 먼저 찾으심은 하나님의 깊은 마음에서 우러나온 것입니다. 하나님께서는 우리를 갈망하십니다. 다른 말로 바꾸어 말하면, 우리가 하나님을 갈망할 수 있는 것은 하나님의 갈망이 우리 안에서 우리를 움직이신 것이며, 하나님은 우리가 당신을 갈망하기를 간절히 원하십니다.

그러므로 하나님에 대한 '갈망' 안에는 우리 신앙의 본질이 담겨 있습니다. 즉 우리의 갈망과 하나님의 갈망이 만난다는 것입니다. 우리가 하나님을 찾기 시작할 때, 하나님은 이미 우리의 길에 가득 차 계십니다. 이것이 예수님께서 다음과 같이 말씀하신 이유입니다.

> "구하라 그리하면 너희에게 주실 것이요 찾으라 그리하면 찾아낼 것이요 문을 두드리라 그리하면 너희에게 열릴 것이니 구하는 이마다 받을 것이요 찾는 이는 찾아낼 것이요 두드리는 이에게는 열릴 것이

니라"(마 7:7-8).

받음은 구하는 가운데에 담겨 있었고, 열림은 두드리는 가운데에 담겨 있었으며, 배부름은 주리고 목마른 가운데에 담겨 있었습니다.

의에 주리고 목마른 사람은 의의 근원이 되시는 그리스도와 직접 만나게 되고, 동시에 그들도 그리스도가 가져다주시는 하나님과 사람의 화목에서 배부름을 얻게 됩니다. 예수님께서 제4복에 말씀하시는 '의'는 바로 당신 자신을 가리키는 것입니다.

이런 의미에서 예수님께서 말씀하시는 "의에 주리고 목마른 자가 배부름을 얻으리라"는 것은 당장 제자들에 대한 축복이기도 하지만 또한 그들의 구원에 대한 약속이기도 합니다.

예수님이 곧 우리의 의이십니다. 그리고 우리가 하나님 앞에서 의롭다 칭함 받을 근거입니다. 예수님의 성육신은 하나님의 '위대한 교환'(the great exchange)이라는 프로젝트를 완성하셨습니다. 예수님은 자신을 내어주시고 십자가에 죽으심으로 우리의 죄와 사망을 위하여 대속의 값을 치르셨습니다. 동시에 예수님은 신성의 생명을 우리에게 주셔서 우리가 "하나님의 신성한 성품에 참여"하게 하시고 하나님과 하나 되는 영원한 생명을 누리게 하십니다.

예수님께서는 이 세상을 떠나시기 전날 저녁에 성찬을 베푸시고 포도주와 빵을 그의 피와 살로 삼아 생명의 양식이 되게 하사 하늘을 향해 달려가는 주리고 목마른 우리를 배부르게 하셨습니다.

'의에 주리고 목마른 사람'이 되기 위해서는 반드시 예수님께서 권고하신 말씀을 기억해야 합니다.

"네 마음을 다하고 목숨을 다하고 뜻을 다하여 주 너의 하나님을 사랑하라 하셨으니 이것이 크고 첫째 되는 계명이요 둘째도 그와 같으니 네 이웃을 네 자신같이 사랑하라 하셨으니 이 두 계명이 온 율법과 선지자의 강령이니라"(마 22:37-40).

첫째는 '의를 사모'하는 수직적 차원이고, 둘째는 '의를 사모'하는 수평적 차원입니다. "이웃을 네 자신같이 사랑하라"는 계명은 '의에 주리고 목마른 사람'이 '현실에서 주리고 목마른 사람들'에게 관심을 갖고 사랑하라는 요구입니다.

예수님께서 성육신하신 것과 십자가에서 죽으심은 그리스도의 의를 드러내신 것입니다. 우리와 하나님 간의 수직적인 관계를 회복시킬 뿐만 아니라 우리와 이웃 간의 수평적인 관계도 바로잡아 주십니다. 그리고 생태학적 의미도 있는데 우리가 사람, 자연과 그리스도의 관계를 공의로움으로 처리할 것을 일깨워줍니다.

그리스도의 태어나심, 고난받으심과 구원하심은 모든 피조물을 뒤덮습니다. 마치 로마서 8장 22절 말씀처럼 인간의 죄와 그 죄 때문에 비롯된 저주로 모든 "피조물이 다 이제까지 함께 탄식하며 함께 고통을 겪고 있는 것"입니다. 하늘과 땅, 그리고 그중에 있는 모든 생물은 전부 다 인간의 죄악으로 말미암아 오염되어 고통에 처해 있습니다.

오늘날, 특히 근대 이후로 인류의 과학기술은 끊임없이 발달하고 자연을 변화시키고 통제하는 능력이 크게 강화되었습니다. 그러나 영성에 있어서는 이렇다 할 만한 진보가 없습니다. 심지어 능력의 발달 때문에 사람들 마음속의 탐욕, 핍박 등 각종 악은 더욱 활발해졌으며 자연에 대한 파괴도 갈수록 심각해집니다. '모든 피조물'이 더 깊은 '탄식과 고통'에 빠져갑니다. 소비문화의 자극으로 자연은 이미 만신창이가 되었고, 폐기물로 인해 발생하는 오염은 하늘과 땅과 공기와 물 모두에게 심각하고도 지속적인 피해를 가져다줍니다. 깨끗한 식수 자원은 지속적으로 소실되고 있습니다. 다양한 생물들이 끊임없이 소멸되고 있습니다. 해마다 수천, 수만의 생물종이 사라지고 있는데 그중에는 식물뿐만 아니라 동물도 포함되어 있습니다. 기후의 변화, 지구의 온난화로 인하여 각종 극단적인 기후는 이미 사람들 가까이에 와 있습니다.

사람들은 예전에는 우리가 자연에게 준 상처를 더욱 발달한 과학기술 수단을 통해 보상해 줄 수 있다고 생각했습니다. 그러나 어떠한 인간의 수단이 개입되면 선천적으로 인성에 죄악의 유전자가 잠재하고 있기에 더 발달한 과학기술이 더 크고 새로운 독성을 가져다준다는 것을 생각하지 않습니다. 그리고 과학기술의 내재적인 체계 운영은 상업적 이익과 소비주의를 목적으로 하고 있습니다. 내적 심령의 변화가 기반이 되지 않는다면 과학 진보의 파도는 오히려 우리의 자연을 더욱 궁핍하게 하고 아름다움을 깨트리며 더욱 창백하게 만들 뿐입니다.

로마서 8장 19절부터 26절에서 우리는 '그리스도의 의'가 생태학에 주는 의미를 볼 수 있습니다. 이 말씀의 주제는 인간과 자연이 '탄식하고 수고'하는 중에 단결하고, 성령과 그리스도 안에서 소망을 가지는 것입니다. 아담의 반역으로 본래 "하나님 보시기에 심히 좋으셨다" 하신 모든 피조물이 파괴되었습니다. 창조된 만물이 '허무한 데 굴복'하고 '썩어짐의 종 노릇'에 처하게 되었습니다. 그리스도의 의로 가림을 받은 우리는 단지 "성령의 처음 익은 열매"입니다(롬 8:23). 우리 자신을 자연 만물 밖으로 따로 분리할 수 없습니다.

그렇기 때문에 자신을 자연 중의 하나라고 인식하고 자연 안에서 "경작하고 지키는"(창 2:15) 자로서 자연 만물과 함께 '마음으로 탄식' 해야 합니다. 우리가 만물의 '탄식'에 참여했기에 우리는 자연 만물에게 소망을 가져다줄 수 있습니다. 왜냐하면 "성령도 우리의 연약함을 도우시나니 우리는 마땅히 기도할 바를 알지 못하나 오직 성령이 말할 수 없는 탄식으로 우리를 위하여 친히 간구"하시기 때문입니다(롬 8:26).

성령이 인간과 만물의 탄식에 참여하면서 성령도 그리스도 안의 소망을 자연 만물 가운데 가져다줍니다. 이 세상에 들어오신 그리스도는 자연 만물이 감당하고 있는 수고를 대신 짊어지셨고, 그리스도의 부활은 자연 만물에게 근본적인 치료와 구원을 가져다주셨습니다.

자연 만물과 일체를 이루는 이런 감정을 유지하는 것이 곧 "의에 주리고 목마른" 내적인 구성 부분입니다. 자연 만물에 대한 관심과 사랑은 우리가 그리스도와 함께함의 외적인 표현이며 우리가 세상에서 그리스도의 의를 간증하는 일종의 방식입니다. 이것이 의미하는 바는 우리가 그리스도와 함께 우주 만물을 사랑하는 것과 그리스도와 함께 만물의 고통에 참여한다는 것입니다. 그리스도 안에서 우리가 만물과 함께 수고하고 단결하고 행동하는 것은 또한 성령이 우리 안에서 우리를 성화시키는 사역입니다. 이런 방식을 통해 우리는 세상 사람들에게 그리스도의 이 땅에서의 왕권을 드러내며, 사람들에게 그리스도 안에서 만물이 새롭게 거듭나는 소망을 표명합니다.

그리스도의 의는 우리만 위할 뿐만 아니라 우리의 이웃도, 우리 주변의 자연 세계도 위하는 것입니다. 이는 우리가 단지 입으로만 단순히 예수님의 축복에 "아멘"이라고 하는 것이 아니라 실제로 우리 생명의 지경을 넓혀가는 것이며, 중국 문화 전통에서 말하는 '천지 만물과 일체가 되는' 어진 사람(仁者)이 되는 것입니다.

명나라 시대 유학자인 왕양명(王陽明)은 "진정한 큰 인물(大人)은 천지 만물과 일체가 되는 사람"이라고 말했습니다. 그는 천하를 한 집으로 보고 모든 인류를 한 사람으로 보았습니다. 만물 가운데서 너와 나를 구분하는 사람은 사실상 '작은 자'(小人)라는 것입니다. 천하 만물과 일체가 되는 인자는 의도적으로 그렇게 보고 그렇게 행동하는 것이 아니라 그의 내적인 어진 마음에서 자연스럽게 흘러나오는 것입니다.

이러한 '어진 사람'은 마음과 영적 차원에서 하늘과 땅의 정신과 교통합니다. '어진 사람'이 사회적 차원에서 가장 약소한 사람이 피해를 당하는 것을 본다면 그는 곧 '떨리고 조심스럽게 불쌍히 여기는 마음'(怵惕惻隱之心)이 생기며 약한 자, 가난한 자와 함께 합니다. 생태적인 차원에서 새와 짐승들이 구슬프게 울 때, 풀과 나무가 부러진 것을 볼 때 그도 참을 수 없이 아픈 마음과 불쌍히 여기는 마음이 생기며 새와 짐승, 풀과 나무와 함께합니다. 자연적인 차원에서 기왓장이 깨어진 것을 보아도 아끼는 마음이 생기며 심지어 기왓장과도 함께 합니다.[31]

---

31) 王陽明, "大學問", 吳光等編纂, 《王陽明全集》(上海: 上海古籍出版社, 1992), p. 967.

'의에 주리고 목마른 사람'에게 있어서 이러한 천지 만물을 불쌍히 여기는 마음을 가지는 것은 곧 성령이 우리 마음속에서 '탄식'하는 것입니다.

그리스도의 제자들은 갈급합니다. 왜냐하면 우리는 줄곧 그리스도와 함께 먹고 마시는 잔치를 추구하기 때문입니다. 오늘 우리는 하나님이 우리 모두에게 주신 음식을 감사합니다. 장래에 우리는 '새 예루살렘'에서 그리스도와 혼인 잔치를 함께 누릴 것입니다. 마지막 때에 사랑의 잔치는 우리를 위하여 남겨두신 것입니다. 그러나 우리는 반드시 그 사이의 광야를 통과해야 합니다. 그 사이에서 우리는 우리의 소유를 나누어야 하고 천하의 모든 갈급한 사람들과 나누어야 합니다. 심지어 우리와 함께 '갈급'한 자연 만물과도 일체가 되어야 합니다.

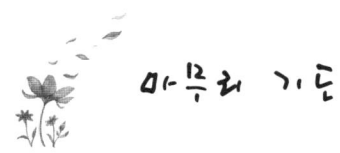

그리스도시여,
당신은 희락의 근원이십니다.
간구하오니, 지금 강림하셔서 주리고 목마른 우리 생명을 만족시켜 주소서.

세계는 본래 당신의 포도원입니다.
그러나 죄로 말미암아 지금 광야가 되었습니다.

간구하오니, 당신의 성령을 보내셔서 이 황폐한 세상을 적셔주소서.

당신은 모든 사람이 주의 나라에 모이기를 원하십니다.
간구하오니, 우리가 당신의 말씀에 주리고 목마르게 하시고 당신의 거룩한 진리 안에서 배부르게 하소서.

당신은 살아 계신 생명의 샘물이십니다.
간구하오니, 우리가 주를 향한 갈망 속에서 우리를 향한 당신의 갈망을 만나게 하소서.

아멘!

18. 긍휼히 여기는 자

> 묵상 본문

"긍휼히 여기는 자는 복이 있나니 그들이 긍휼히 여김을 받을 것임이요"(마 5:7).

"주여 우리를 불쌍히 여기소서 다윗의 자손이여"(마 20:30-31; 눅 18:38).

> 묵상 질문

1. 제1복은 "가난함"으로 시작하고 제5복은 "긍휼함"으로 시작합니다. 이 둘 사이에는 어떤 관계가 있습니까?

2. 왜 하나님의 속성을 자비(사랑)라고 말합니까? 그리고 무엇 때문에 십자가에 달리신 예수님이 곧 하나님의 가장 큰 자비라고 말합니까?

3. 무엇 때문에 자비의 마음이 곧 우리에게 요구하는 "예수 그리스도의 마음"이라고 합니까? 그 속에는 어떻게 '불쌍히 여기는 마음, 악을 부끄러워하는 마음, 겸손하고 배려하는 마음, 옳고 그름을 판단하는 마음'이 포함되어 있습니까?

팔복은 두 부분으로 나눌 수 있습니다. 앞의 네 가지 복은 예수님께서 어떻게 도움이 필요한 사람들을 돌보셨는지를 보여주고, 뒤의 네 가지 복은 믿음의 사람은 어떻게 예수님과 동행해야 하는지를 보여줍니다. 그러나 이 모두는 예수님을 중심으로 하고 있습니다. 다시 말하면 예수님의 생명 특징이 팔복의 실질적인 깊은 뜻을 부여한 것입니다. 그리고 오직 예수님을 통해서만 이 팔복이 우리의 생명 안에 전환되고 실현됩니다.

더 정확히 말하면, 제5복의 '엘레에모네스'(ἐλεήμονες, 영어로 merciful)는 중국어로 '연민' 혹은 '자비'로 번역되어야 합니다. 그 유명한 마태복음 20장 30-31절의 시각장애인들이 드리는 기도에도 같은 동사가 들어 있는데 중국어 성경은 "불쌍하다"라고 번역합니다. 이 단어가 성경에서 광범위하게 사용되고 있고, 그 앞뒤 문맥을 살펴볼 때 두터운 사랑(慈愛), 은혜로운 사랑(恩慈), 사랑의 마음(慈心) 등으로 번역할 수 있습니다. 그 의미는 매우 깊고 풍성합니다.

만약 앞의 네 가지 복이 '가난함'으로 시작하였다면 뒤의 네 가지 복은 '긍휼함'으로 시작한다고 볼 수 있습니다. 이것이 바로 그리스도의 복음에서 대응되는 두 가지를 말합니다. 우리의 가난함은 하나님의 한없는 긍휼함을 부르고 있습니다. 가난함 속에서 우리는 비로소 진정으로 하나님을 예배하고 하나님의 긍휼하심을 기도하고 받아들이고 기뻐할 수 있습니다.

자비(혹은 긍휼)는 하나님의 속성입니다. 구약에서 신약에 이르기까지 그 가운데 관통하고 있는 주된 뜻은 바로 하나님의 사랑입니다. 이스라엘 시인은 세상의 유래를 해석하고 이스라엘이 겪은 모든 일을 회상할 때 오직 이 한 마디, "그 인자하심이 영원함이로다"(시 136:1-26)만 반복하고 있습니다.

하나님은 자비로운 사랑으로 이스라엘과 모든 피조물의 가난, 고난과 필요에 응답하십니다. 이 자비로운 사랑 안에서 하나님도 기쁨을 느끼십니다(미 7:18). 다시 말하면 자비로운 사랑은 신성의 기쁨을 가져옵니다.

예수님은 설교 중에 자비는 하나님 아버지의 본성이라고 직접적으로 말씀하십니다.

> "너희 아버지의 자비로우심같이 너희도 자비로운 자가 되라"(눅 6:36).

예수님께서 이 세상에서의 사명을 완성하신 후 함께했던 제자들은 더욱 철저히 깨달았습니다. 예수님의 몸에서 감추어졌던 하나님의 마음이 열리셨고 하나님의 자비가 분명하게 세상에 드러나셨습니다. 예수님은 사람의 모양으로 강림하셔서 하나님의 자비를 고난받는 인간 세상에 충분히 부어 넣으셨습니다. 예수님은 자비의 화신입니다.

예수님은 눈먼 자, 저는 자, 문둥병자와 동행하셨고 자신의 크신 능력으로 그들을 새로운 생명으로 인도하셨습니다. 예수님은 불가능한 자리에서 가능하게 하셨고, 꽉 막힌 곳에서 길을 여셨습니다.

마지막으로 형벌까지 경험하시면서 십자가에 못 박혀 죽으셨습니다. 십자가 위의 예수님은 곧 하나님께서 세상에 베푸시는 가장 큰 자비입니다. 왜냐하면 예수님은 자비의 마음으로 모든 고통 중에 있는 사람들을 자신의 상처 안으로 품으셨고, 그들로 하여금 자신의 부활과 함께 영원한 생명에 참여하게 하셨기 때문입니다.

그리스도인으로 이루어진 교회는 그 자체만으로는 자랑할 것이 없습니다. 교회의 얼굴에서 나오는 빛은 오직 하늘에 계신 그리스도의 자비로운 사랑의 빛이 반사된 것뿐입니다. 교회가 전하는 복음은 오직 우리에 대한 자비로운 하나님의 사랑뿐입니다. 교회가 행하는 거룩한 일은 그것이 세례이든 성찬이든 모두 성령의 자비로운 사랑의 힘을 전달하는 것입니다.

"긍휼히 여기는 자는 복이 있나니 그들이 긍휼히 여김을 받을 것임이요", 이 구절과 우리가 날마다 드리는 주기도문 "우리가 우리에게 죄지은 자를 사하여 준 것같이 우리 죄를 사하여 주옵시고"는 같은 뜻을 가지고 있습니다. 다른 곳에서 예수님은 부정의 방식으로 이렇게 말씀하셨습니다.

> "너희가 사람의 잘못을 용서하지 아니하면 너희 아버지께서도 너희 잘못을 용서하지 아니하시리라"(마 6:15).

자비는 하나님의 본성입니다. 한 사람이 다른 사람에게 긍휼히 여기는 마음이 움직일 때 그는 곧 그리스도를 본받는 것입니다. '긍휼히 여기는 사람'은 '그리스도로 옷 입은' 것이며(갈 3:27) '하나님의 자녀'의 신분을 드러낼 것입니다. 이런 의미에서 긍휼히 여기는 사람은 반드시 '긍휼히 여김을 받을 것'입니다. '사람을 긍휼히 여김'이 가능하다는 것은 그는 이미 하나님으로부터 긍휼함을 받았다는 것을 나타냅니다. 물론 '사람을 긍휼히 여김'을 하나님 앞에 긍휼함을 받는 조건으로 여기면 절대로 안 됩니다.

은혜는 언제나 맨 앞에 있습니다. 우리의 '긍휼함'은 단지 하나님의 선행하신 긍휼함에 대한 반응입니다. 만약 우리가 사람을 자비롭게 대하지 못한다면 이는 하나님의 자비가 우리 몸에서 반응하지 않았다는 것을 설명하며, 심지어 마태복음 6장 15절에서 보았듯이 하나님은 우리에 대한 자비를 거두어들일 수도 있습니다.

자비를 영어로 'mercy'라고 하는데 이는 라틴어 'misericordia'에서 나왔습니다. 'miseri'는 '불행' 혹은 '고난'이라는 뜻이고 'cordia'는 '사람의 마음'이라는 뜻입니다. 그러므로 연민과 자비의 가장 기초적인 뜻은 사람의 마음이 다른 사람의 불행한 처지에 대해 반응하는 것입니다. 즉 자비는 한 사람이 다른 사람에 대해 마음이 움직였다는 것입니다. 자비의 마음이 싹트면 사람과 사람 사이의 벽이 무너지고 서로 닫혔던 문이 열리기 시작합니다.

자비의 마음은 우리로 하여금 다른 사람의 얼굴에서 하나님의 얼굴을 발견하는 것입니다. 결코 다른 사람을 자신의 목표를 실현하는 수단이나 도구로 보는 것이 아닙니다. 자비는 나와 다른 사람의 경계를 무너뜨리고 우리의 마음 문을 열어 다른 사람을 우리의 삶으로 기쁨으로 흔쾌히 받아들이는 것입니다. 더 이상 다른 사람을 도구처럼 '그'로 보지 않고 '너-나'의 평등한 관계 안에 함께 하는 것입니다. 자비, 연민, 용서가 없으면 평화로운 사회를 이룰 수 없습니다. 오직 폭력으로 폭력을 대하면 서로 피해를 주는 악순환에 빠질

뿐입니다.

　사람을 자비롭게 대하는 사람은 반드시 하나님의 자비를 얻게 됩니다. 이 말은 우리가 우리의 자비로 하나님의 자비를 구하는 '공로'로 삼을 수 있다는 것이 아닙니다. 오히려 사랑은 갈라놓을 수 없음을 깨닫게 합니다. 만약 우리가 우리 주변의 형제자매를 사랑하지 않으면 어찌 멀리 하늘에 계신 하나님 아버지를 사랑할 수 있겠습니까? 만약 눈에 보이는 사람마저 사랑하지 않으면 어찌 눈에 보이지 않는 하나님을 사랑할 수 있겠습니까?

　자비는 우리 마음속에서 작동되는 것입니다. 근본적으로 보면 우리의 자비는 우리 자신의 것이 아닙니다. 이는 우리 생명의 깊은 곳에 계신 성령이 예수 그리스도의 자비의 마음으로 우리 마음을 바꾸어주신 것입니다. 그러므로 '팔복' 중에서 이 한 구절은 통전적인 축복입니다. 자비 안에서 사람과 하나님, 사람과 사람이 하나의 사랑의 공동체 안에 함께 할 수 있기 때문입니다. 마치 에베소서 4장 32절이 말씀하시는 바와 같습니다.

> "(너희는) 서로 친절하게 하며 불쌍히 여기며 서로 용서하기를 하나님이 그리스도 안에서 너희를 용서하심과 같이 하라."

　자비는 하나의 통일체입니다. 자비는 사람에 대한 하나님의 긍휼과 다른 사람에 대한 사람의 긍휼을 동시에 포함하고 있습니다. 자비는 우리의 마음이 "그리스도 예수의 마음"(빌 2:5)이 된 결과입니다. 만약 하나로 말한다면 곧 자비의 마음이고, 네 개로 나눈다면 '자비'는 네 가지 마음의 형식으로 표현됩니다. 즉, 불쌍히 여기는 마음, 악을 부끄러워하는 마음, 겸손하고 배려하는 마음, 옳고 그름을 판단하는 마음입니다. 맹자(孟子)는 이 네 가지 마음을 '사단'(四端)이라고 하였습니다.[32] 그러나 이 또한 그리스도인의 자비의 마음이 서로 다른 삶의 환경에서 드러나는 표현이기도 합니다.

'불쌍히 여기는 마음'(惻隱之心)은 고난 속에 처해 있는 사람을 보았을 때 나타나는 동정과 슬픔의 마음이고, 동시에 실질적으로 타인에 대한 관심과 사랑으로 전환되는 행동입니다. 맹자는 이렇게 예를 들었습니다. 한 사람이 어린 아이가 우물에 빠지려고 할 때 바로 달려가 그 아이를 구하는 것과 같다는 것입니다. 이는 마음 깊은 곳에서 저절로 우러나오는 것이지 결코 어떤 외적인 명예나 이익을 계산해서 나오는 것이 아닙니다. 여기에서 곧바로 '어진'(仁) 미덕이 나옵니다.

'악을 부끄러워하는 마음'(羞惡之心)은 성령의 감화로 그리스도인이 '악'에 대해 느끼는 수치심입니다. 프란시스코 1세는 '악을 부끄러워하는 마음'에 대하여 이렇게 말합니다.

> "수치스러움을 느끼는 것은 일종의 은혜이다. 하나님의 은혜를 느낄 때 그 사람은 자신과 자신의 죄에 대해 수치를 느끼게 된다."[33]

---

32) "惻隱之心, 羞惡之心, 恭敬之心, 是非之心."
33) 프란시스코, 2017년 3월 21일 "아침묵상"
http://w2.vatican.va/content/francesco/en/cotidie/2017/documents/papa-francesco-cotidie_20170321_the-grace-of-shame.html

수치는 성령의 빛이 사람의 마음을 비춰줄 때 자신을 정결케 하는 행동입니다. 수치는 심령의 전환을 가져오고 실제적인 행동으로 회개를 표현하며 '의'의 길로 나아가게 합니다.

'겸손하고 배려하는 마음'(恭敬之心)은 모든 사람의 얼굴에서 하나님의 형상을 발견하는 마음입니다. 현실 사회 구조 속에서 우리는 서로 다른 사람의 서로 다른 역할을 보게 됩니다. 높은 자리에 있는 사람과 낮은 위치에 있는 사람, 존귀하다고 여기는 사람과 비천하다고 여기는 사람도 있습니다.

예수 그리스도는 이러한 사회적인 차이를 취소하라고 하신 것이 아니라 우리에게 사회적 역할을 잘 지킬 뿐만 아니라, 그 속에서 모든 사람의 인격을 평등하게 존중하기를 요구하셨습니다. 낮은 사람은 높은 사람을 공경하고, 높은 사람도 낮은 사람을 공경하라는 것입니다. 복잡한 사회 구조에서 모든 사람이 '높은' 위치에 있을 때도 있고 '낮은' 위치에 있을 때도 있습니다. 만약 사람마다 겸손하고 배려하는 마음으로 서로를 대한다면, 서로 다른 계층이 존재하는 이 사회 속에서도 모두 따뜻한 '예의'를 느낄 수 있습니다.

"옳고 그름을 판단하는 마음"(是非之心)은 앞의 몇 가지 형식의 마음들에 대한 종합으로써, '옳음'에 대해 기뻐하고 '그름'에 대해 수치를 느끼는 것입니다. 하나님이 사람을 창조하실 때 이미 옳고 그름을 판단하는 마음을 인성 안에 넣어두셨습니다. 단지 죄성이 그 마음을 덮고 있을 뿐입니다. 그리스도가 가져다주신 은혜는 사람들의 죄를 대속하실 뿐만 아니라 옳고 그름을 판단하는 마음을 덮고 있는 수건을 벗겨주시는 것입니다.

옳고 그름을 판단하는 마음은 사람의 양심이고 성령 앞에 드러납니다. 성령의 빛이 비추어지면 옳고 그름을 판단하는 마음은 하나님의 법칙이 어떻게 모든 피조물 중에서 운영하시는지를 생각하고 관찰하게 됩니다. 그리하여 그 마음에서 '지혜'가 생깁니다. 만사 만물의 시련 속에서 옳고 그름을 판단하는 마음은 끊임없이 옳은 것은 남기고 그른 것은 제거할 수 있습니다. 이것이 곧 '지혜'로 마음을 키우는 것이고, 앞에서 언급한 불쌍히 여기는 마음, 악을 부끄러워하는 마음, 겸손하고 배려하는 마음이 더욱 풍성해지고 민감해지는 것입니다.

이처럼 그리스도의 자비의 마음을 근본으로 삼고 세상 속에서 펼쳐나가며 어질고 의롭고 예의 바르고 지혜 있는 미덕으로 살아낸다면 그는 곧 '그리스도인 군자'(君子)입니다.

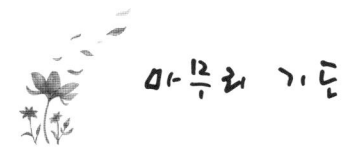

마무리 기도

그리스도시여,
당신은 하나님의 아들이십니다. 태초부터 하나님과 함께 계셨습니다.
당신은 하나님의 자비로 육신이 되셔서 이 땅에 오셨습니다.
간구하오니, 우리도 다른 사람에게 항상 자비한 마음을 가지게 하옵소서.

주여,
자비는 당신의 이름입니다. 당신은 우리를 긍휼히 여겨주셨습니다. 당신은 자비로 자신을 비우시고 우리 중의 한 사람이 되셨습니다. 우리의 공허함이 당신 안에서 풍성해졌습니다.
간구하오니, 우리도 항상 자신을 비우고 다른 사람을 풍성케 할 수 있게 하옵소서.

그리스도시여,
당신은 참빛 중의 참빛에서 오셨습니다.
간구하오니, 당신의 빛을 우리 마음속에 비추사 우리로 주의 자비로우신 삶의 도리를 깨닫게 하시고 어질고 의롭고 예의 바르며 지혜 있는 미덕으로 살아가게 하소서.
간구하오니, 끊임없이 당신의 성령을 부어 주사 우리가 주의 자비로우신 마음 안에서 자비의 열매를 맺게 하소서.

아멘!

19. 마음이 청결한 자

묵상 본문

"마음이 청결한 자는 복이 있나니 그들이 하나님을 볼 것임이요"(마 5:8).

"이 교훈의 목적은 청결한 마음과 선한 양심과 거짓이 없는 믿음에서 나오는 사랑이거늘"(딤전 1:5).

묵상 질문

1. 어떤 마음이 청결한 것입니까? 광야에서 마귀의 세 가지 시험을 받으실 때 예수님은 어떻게 '청결한 마음'의 힘을 보여주셨습니까?

2. 무엇 때문에 우리에게 '청결한 마음'은 선물이기도 하고 약속이기도 하고 사명이기도 합니까?

3. 무엇 때문에 '마음이 청결한 사람'은 하나님의 얼굴을 뵐 수 있습니까? '마음이 청결한 사람'은 어디에서 하나님을 뵐 수 있습니까?

마찬가지로 예수님을 중심으로 하는 제6복은 그리스도인의 삶에서 중요한 두 가지 명제인 청결한 마음과 하나님을 보는 것을 연결시켜 줍니다. '청결한 마음'과 '하나님을 보다'라는 것은 서로 보완되는 관계입니다. 마음이 청결해야 하나님을 볼 수 있고, 하나님을 보면 끊임없이 마음을 청결하게 합니다.

여기에는 기독교 신앙의 두 가지 중요한 예식을 포함하고 있습니다. 즉 세례와 성찬입니다. 세례를 통하여 성령은 사람의 마음을 청결하게 합니다. 성찬을 통하여 사람들은 그리스도의 몸 앞으로 나오며 하나님을 봅니다. 이 두 가지는 모두 가장 일상적인 일입니다. 세례는 물로, 성찬은 떡으로 사람과 하나님의 깊고도 긴밀한 연관성을 표현합니다. 물과 떡으로 우리가 하나님과 생명이 하나 된 것입니다.

이 축복에서 두 마디는 모두 예수님께서 말씀하신 바입니다. 오직 예수님만이 완전히 '마음이 청결'하고 오직 예수님만이 '하나님의 얼굴'입니다.

"본래 하나님을 본 사람이 없으되 아버지 품속에 있는 독생하신 하나님이 나타내셨느니라"(요 1:18).

예수님의 '청결한 마음'은 어떠한 마음일까요? 예수님은 마음을 다하고 뜻을 다하며 힘을 다하여 하늘 아버지를 믿었습니다. 하나님을 향한 기도를 통하여 자신의 사명에 대한 수긍을 확고히 하였습니다. 예수님은 보이는 외적 권세를 의지하지 않으시고 십자가 위에서 '자신을 비우는' 죽음을 맞이하셨습니다. 이렇게 하심으로 천국은 이 세상에서 조용하지만 확실히 영원한 권세임을 나타내셨고, 이에 사람들은 마음속 깊이 감탄하게 됩니다.

"이는 진실로 하나님의 아들이었도다"(마 27:54).

예수님은 가난한 사람들에게 하나님의 전능을 보여주시고 이로써 사람들에게 소망을 선포하셨습니다. 예수님은 전심으로 하나님을 사랑하시고 자신의 이웃들을 전심으로 사랑하셨습니다. 예수님은 악을 악으로 갚지 않으시고 오히려 선으로 악을 이기셨습니다. 예수님은 진심으로 사람을 목적으로 하셨지, 수단으로 삼지 않으셨습니다.

예수님의 청결한 마음은 절대로 일반 사람들의 '흔들리지 않는 마음'이 아닙니다. 예수님도 "모든 일에 우리와 똑같이 시험을 받으신" 분이십니다(히 4:15). 사탄은 세 가지 유혹으로 예수님을 시험하였는데 그 세 가지는 모두 공통점이 있습니다. 보이지 않는 하나님을 옆으로 밀어두고 보이는 물질과 권력을 믿게 하려 했다는 것입니다. 이 세 가지 시험 앞에서 예수님은 우리에게 '청결한 마음'의 참뜻을 보여주셨습니다.

예수님이 만나신 첫 시험은 돌덩이를 빵으로 바꾸는 것이었습니다. 음식은 인류 생존에 가장 기본적인 수단입니다. 예수님도 이 점을 부인하지 않으셨습니다. 예수님도 오병이어의 기적을 행하사 풍족한 음식으로 자신을 따라 광야에 모인 수천 명의 물질적 필요를 만족시키셨습니다. 예수님이 십자가에 달리셨을 때 자신이 "땅에 떨어져 죽고, 죽으면 많은 열매를 맺는" 한 알의 밀알이 되셨습니다. 때문에 예수님은 사탄의 유혹에 이렇게 반박하십니다.

"사람이 떡으로만 살 것이 아니요 하나님의 입으로부터 나오는 모든 말씀으로 살 것이라"(마 4:4).

이 말씀의 뜻은 물질의 유혹 앞에서 생명의 우선순위를 제대로 바로잡는 것이 제일 중요하다는 것입니다. 그 순서는 마땅히 이렇게 되어야 합니다. 하나님을 찾고 하나님의 말씀을 경청합니다. 그다음에 마음을 다하여 일하고 다른 사람들과 함께 땅이 허락해 주는 음식을 서로 나누는 것입니다. 배고픔 앞에서 예수님은 자신의 '청결한 마음'을 보여주셨습니다. 음식은 비록 중요한 것이지만 자유가 더욱 중요한 것입니다. 그러나 가장 중요한 것은 마음속의 하나님을 향한 끊임없는 충성과 배신하지 않는 경배라는 것입니다.

히브리 문학에는 다음과 같은 문장구조가 있습니다. 뜻이 비슷한 두 가지 내용을 앞과 뒤에 두고 더욱 중요한 주제 의미를 가진 내용을 가운데 두는 것입니다. 예수님께서 받으셨던 세 가지 유혹도 바로 이런 방식으로 서술되었습니다. 첫 번째와 세 번째 시험은 서로 대응되는 것이고, 음식의 유혹은 권력의 유혹과 대응됩니다. 다시 말하면, 세 번째 권력에 따른 유혹은 첫 번째 음식에 관한 유혹과 본질적으로는 같은 것입니다. 이 유혹은 사회가 전반적으로 진보하고 인류가 번영, 부흥하고 물질생활에 최대로 만족하는 왕국을 목표로 합니다. 그러나 예수님의 사명은 오히려 고난을 받는 종입니다. 조롱당하고 채찍에 맞으며 심지어 못 박혀 죽으시는 메시아입니다.

예수님의 성육신은 구체적인 정치제도를 실현하려고 오신 것이 아닙니다. 그의 고난과 시련을 통하여 사람들에게 죄악의 흉악함과 하나님의 자비로운 사랑을 보여주셨습니다. 그리하여 참 진리에 가까이하게 되고 사람들의 마음속에 연약하지만 안정되고 영원한 왕국을 세우십니다. 따라서 예수님의 세 번째 대답은 이러했습니다.

"주 너의 하나님께 경배하고 다만 그를 섬기라"(마 4:10).

이것이 바로 예수님의 '청결한 마음'입니다. 만약 마음이 먼저 정화되지 않은 상태에서 가장 높은 권세자의 허무한 자아를 직면한다면, 소위 인류에게 영광, 진보, 발전을 가져다준다고 하는 약속들은 모두 인류 자신을 옭아매는 족쇄가 될 것입니다.

가운데 위치한 두 번째 유혹은 더욱 추상적이기도 하고 포괄적이기도 합니다. 그 세 가지 유혹에 대한 총화라고도 할 수 있습니다. 사탄은 예수님을 유혹하여 성전 꼭대기에서 뛰어내리라고 합니다. 마치 예전에 광야에 있던 이스라엘처럼 "여호와께서 우리 중에 계신가 안 계신가"(출 17:7) 시험하려 합니다. 예수님께서 이 핵심 문제를 지적하시면서 사탄에게 직접 "너의 하나님을 시험하지 말라!"(마 4:7)고 하십니다.

사람이 하나님을 시험하는 그 이면에는 하나의 근본적인 가정이 숨겨져 있습니다. 즉, 하나님은 실험의 대상이라는 것입니다. 사람이 진행하는 실험을 하나님이 통과해야만, 다시 말하면 떡이나 권력과 같이 사람이 설정한 조건에 도달해야만 사람들은 하나님을 하나님으로 받아들이겠다는 것입니다. 이것은 하나님을 피조물 세계의 일부분으로 보는 것입니다. 이러한 사람은 자신이 하나님보다 더 높다고 생각하거나 혹은 자기 자신을 하나님으로 삼는 것입니다. 예수님은 사탄의 유혹을 거절하심으로 하나님에 대한 자신의 '청결한 마음'을 보여주셨습니다. 그것은 곧 단순히 하나님을 향한 믿음이고 사랑이며 순종입니다.

예수님의 청결한 마음은 그가 최후에 십자가 구속을 수행하시는 순간에 더욱 철저히 사람들 앞에 보여주십니다. 체포되시기 전날 밤, 예수님은 겟세마네 동산에서 하나님께 기도드립니다. 비록 예수님의 인성은 십자가 형벌에 대해 "마음이 심히 고민"하지만 그래도 하나님께 고백하십니다.

"나의 원대로 마시옵고 아버지의 원대로 하옵소서"(막 14:36).

이것은 예수님의 청결한 마음은 자기를 비우고 하나님 아버지의 뜻을 온전히 순종하신 마음임을 표명합니다. 십자가에서 죽으실 때 예수님은 자신을 못 박은 자들을 위하여 간구하십니다.

"아버지 저들을 사하여 주옵소서 자기들이 하는 것을 알지 못함이니이다"(눅 23:34).

이 기도는 예수님의 청결한 마음이 조금도 이기적인 것이 없고 오직 세상 사람들을 위한 크신 사랑의 마음임을 분명히 드러냅니다.

예수님께서 십자가에서 하신 마지막 한 마디는 조금의 억울함이나 원한을 품지 않으시고 진실하고 기쁜 마음으로 "다 이루었다" 하신 것입니다(요 19:30). 이것은 예수님의 청결한 마음은 자아를 완전히 소멸하고 온전히 하나님을 경배하고 세상 사람을 구원하는 대사명(大使命)에 생명을 녹이셨다는 것을 표명합니다.

바로 이렇게 예수님께서 청결한 마음으로 하늘 아버지의 구원 사역에 순종하심으로 인하여 우리와 같은 죄인들이 비로소 하늘로부터 내려오는 '청결한 마음'을 얻을 수 있게 되었습니다. 우리에게 있어서 청결한 마음은 선물이고 약속이며 사명이며 이는 각각 세 가지 차원에 해당됩니다. 우리가 하나님으로부터 받은 선물이고, 우리가 장차 마지막 순간에 실현하게 될 약속이며, 우리가 이 세상에서 감당해야 할 사명이라는 것입니다.

우리의 마음이 청결하게 됨은 우리 자신의 노력으로 시작되는 것이 아니라 예수님께서 고난 받으심으로 우리를 위해 지불하신 값으로부터 나온 것입니다. 이는 우리의 인생에서 세례의 형식으로 표현됩니다. 세례는 죄로부터 사면을 받는 것입니다. 더러운 것으로부터 씻음을 받는 것입니다. 그리스도의 죽으심과 부활하심 안에서 그리스도와 연합하는 것입니다. 우리의 그리스도를 믿는 믿음을 통하여 성령은 세례 가운데서 우리 안에 청결한 마음을 새롭게 만들어 주십니다. 우리에게 있어서 청결한 마음은 하나의 선물입니다.

비록 우리가 하나님 앞에서 이미 심령이 깨끗해졌고 죄가 더 이상 우리 안에서 권세를 행사할 수 없지만, 그래도 우리가 성화를 향해 나아가는 길에서 여전히 죄에 빠지기 쉽습니다. 따라서 우리는 항상 이미 우리 마음속에서 선한 일을 시작하신 성령을 끊임없이 앙망해야 합니다. 예수 그리스도께서 종말에 강림하시는 날까지 끊임없이 우리를 지켜주시고 온전케 하시기를 간구해야 합니다(빌 1:6). 이런 의미에서 청결한 마음은 우리에게 있어서 하나의 약속이며, 오직 말세에 그리스도의 영광 안에서만 완전히 실현될 수 있습니다.

이렇게 청결한 마음은 우리의 과거에는 하나의 선물이고 미래에는 하나의 약속이며 지금은 우리가 실현하려고 노력하는 사명입니다. 비록 그리스도와 성령의 세례를 통하여 우리는 청결하게 되지만 원죄가 사람의 마음에 낸 상처는 여전히 우리 몸에 남아 있습니다. 사람의 의지와 이성의 연약함은 사람으로 하여금 여전히 인간 자신을 포함한 피조물들을 우상으로 섬기게 합니다.

외부의 물질이나 소리나 색깔 그리고 자아에 대한 미련은 여전히 사람으로 하여금 자신을 삶의 목적으로 욕망하게 만듭니다. 사람의 마음속에 깊게 잠재해 있는 "간음과 탐욕과 악독과 속임과 음탕과 질투와 비방과 교만과 우매함"(막 7:22) 등이 항상 드러나며 심지어 삶의 주도권을 빼앗고 있습니다.

따라서 청결한 마음은 그리스도인이 반드시 이수해야 할 과목이 됩니다. 이는 순간순간마다 항상 우리에게 생명의 찌꺼기가 되는, 위에 언급한 간음, 탐욕, 악독, 속임, 음탕, 질투, 비방, 교만, 우매함을 씻어 내기를 요구합니다. 이를 통해 우리는 '그리스도 안에서, 그리스도와 함께, 그리스도를 통하여' 제자의 길을 걸어가는 것입니다. 이러한 의미에서 청결한 마음은 명사가 아니라 동사입니다.

이러한 청결한 마음은 믿음이기도 하고 선행이기도 합니다. 하나님의 은혜이기도 하고 인간의 수련이기도 합니다. 성 베네딕토는 "기도는 곧 선행이다"라고 말했습니다. 믿음과 선행, 하나님 은혜와 인간의 수련은 본래 떼어놓을 수 없는 것입니다. 우리는 항상 위를 향한 기도로 간구함이 필요하고, 우리의 선행이 성령의 은혜로 정화되고 성숙해지는 것이 필요합니다. 동시에 마땅히 삶 속에서 담대히 실천함과 지혜로운 분별과 선행하는 용기, 적절한 신중함과 즐거운 순종 등이 필요합니다. 이러한 성품은 모두 하나님 앞에서의 믿음에서 자라납니다. 어거스틴은 이렇게 말했습니다.

> "행복한 생활이란 마음을 다하고 뜻을 다하며 힘을 다해 하나님을 사랑하는 것이다. 이러한 하나님에 대한 사랑 속에서 신중한 성품이 형성되고 사랑을 온전하고 순결하게 유지한다. 굳건한 의지의 성품을 형성하여 어떠한 불행도 흔들지 못하게 한다. 정의로운 성품을 형성하여 모든 것에 유일한 주님께만 순종하게 한다. 지혜로운 성품을 형성하여 일체 사물을 분별하고 간사함과 거짓말에 속지 않게 한다.[34]"

그러므로 그리스도인에게 있어서 청결한 마음의 기본 의미는 곧 '바른 마음'(正心)입니다. '바른 마음'이란 심령을 정확한 방향으로 향하게 하는 것입니다. 예수님이 바리새인들의 질문에 대답하실 때 제자들을 위하여 삶의 두 가지 기초를 확정하십니다. 마음을 다하고 뜻을 다하고 힘을 다하여 하나님을 사랑하라는 것과 이웃을 자신과 같이 사랑하라는 것입니다. 누가복음 14장 33절에서 예수님은 더

---

34) St. Augustine, "Of the Morals of the Catholic Church", chap. 25, para, 46. in Philip Schaff, *Nicene and Post-Nicene Fathers* (Buffalo, NY: Christian Literature Publishing Co., 1887), Vol. 4.

욱 명확하게 말씀하십니다. "너희 중의 누구든지 자기의 모든 소유를 버리지 아니하면 능히 내 제자가 되지 못하리라" 하시면서 제자들에게 하나님을 사랑하기를 그 어떤 사물이나 사람보다도 더 사랑하라고 요구하십니다.

이러한 바른 마음은 제자들에게 소유에 대한 정서와 욕망을 포기하거나 억제하라고 하신 것이 아니라, 이 모든 것들을 바르게 인도하라는 것입니다. 마치 저수지와 같이 사람의 감정은 정당한 삶의 질서를 가진 사람에게는 물을 공급하는 수자원이 되기도 하지만, 모든 것을 휩쓸어버리는 홍수가 될 수도 있습니다. 성령의 인도하심 속에서 '바른 마음'은 그리스도인을 전인적인 삶으로 나아가게 하며, 심지어 고통, 공포와 비통마저도 아름답고 선한 사랑을 향하여 원만하게 변화되게 합니다.

이로써 볼 수 있듯이, 믿음, 바른 마음과 청결한 마음은 서로를 강화하는 고리와 같습니다. 그리스도인들은 믿음으로 말미암아 하나님께 순종하고, 순종하는 가운데서 정직한 삶을 살며, 정직한 삶 속에서 마음이 청결하게 되고, 마음의 청결함을 통해 더욱더 믿음을 굳건하게 합니다. 그리하여 결국은 더 큰 믿음으로 나아가게 됩니다.

'청결한 마음'을 이룰 수 있는 사람은 진정한 의미에서 '마음을 다하고 뜻을 다하는' 사람입니다. 마음이 청결한 사람은 마음을 다한 사람입니다. 여기에서 '마음을 다함'은 자신의 의지를 공로로 삼기 위해 자기 마음과 힘을 다 쏟아부었다는 뜻이 아니라, 긍정적인 의미로 사람이 원죄를 짓지 않았던 상태로 되돌아가서 '하나님의 형상과 모양'으로 순결한 상태가 되는 것입니다. 한 사람이 성령의 인도를 받으면 자신의 심령을 청결하게 하고 세상 재물을 향한 과도한 의지에서 벗어나며 각종 탐욕과 시기 질투의 올가미에서 해방되게 됩니다. '마음이 청결'한 경지에 이르면 그의 심령도 처음 창조되었을 때의 '하나님의 형상과 모양'을 회복할 수 있게 됩니다.

> "그 마음을 다하면 그 성품을 알게 되며, 그 성품을 알게 되면 곧 하늘을 알게 된다"(『맹자·진심』)[35].

그러나 '마음을 다함'은 반드시 청결한 마음을 전제로 해야 합니다. 오직 그의 심령이 마치 모든 더러운 자국을 닦아낸 맑은 거울과 같을 때, 그 위에 비로소 하나님의 얼굴이 보일 수 있습니다. 고린도전서 13장 12절의 말씀과 같습니다.

> "우리가 지금은 거울로 보는 것같이 희미하나 그때에는 얼굴과 얼굴을 대하여 볼 것이요."

이 또한 예수님께서 제6복에서 "마음이 청결한 자는 복이 있나니 그들이 하나님을 볼 것임이요"라고 말씀하신 이유이기도 합니다. 바로 이어지는 문제는 '하나님을 본다는 것은 무엇일까'라는 것입니다. '하나님을 본다'는 것은 구약에서도 오래된 전통입니다. 이스라엘이 출애굽한 이후 시내산에 도착하여 하나님과 언약을 맺습니다. 십계명의 언약 돌판을 받은 이후 그들은 하나님과 언약을 맺는 확인 의

---

[35] "盡其心也, 知其性也; 知其性, 則知矣."《孟子·盡心》

식을 거행하였습니다. 그때의 이스라엘은 마침 하나님과 가장 친밀한 관계 속에 있었습니다. 성경은 "하나님을 본다"라는 말로 사람과 하나님 간의 이러한 친밀함을 묘사합니다.

> "이스라엘의 하나님을 보니 그의 발아래에는 청옥을 편 듯하고 하늘 같이 청명하더라. 하나님이 이스라엘 자손들의 존귀한 자들에게 손을 대지 아니하셨고 그들은 하나님을 뵙고 먹고 마셨더라"(출 24:10-11).

본다는 것이 무엇입니까? 성경에서 본다는 것은 곧 갖는다는 것입니다. 하나님을 보면 곧 하나님을 소유하는 것이고 이는 사람과 하나님이 하나가 되는 공유를 가리키는 것입니다. 하나님은 당신을 애모하는 사람에게 성품을 허락해 주십니다. 그뿐만 아니라 그들에게 행복과 은혜도 주시며 하나님 자신을 가장 좋은, 가장 큰 보상으로 그들에게 주십니다. 하나님을 본다는 것은 곧 하나님의 위엄, 순수함과 성결한 아름다움을 직관한다는 것이며, 하나님의 영원한 자비와 은혜에 대해 분명히 이해한다는 것입니다.

본다는 것은 인간이 가장 직접적이고 가장 풍부하게 세상을 경험하는 방식입니다. 하나님을 본다는 것은 우리가 눈으로 광선이 비추는 환경에서 어떠한 대상을 본다는 것이 아니라, 하나님을 빛의 근원으로 삼고 그분의 거룩한 빛으로 우리를 비춘다는 것입니다. 하나님의 거룩한 빛은 우리의 상처를 치료하시고, 이미 망가진 우리의 몸을 회복시키시며, 심지어 우리를 주님과 같이 변하게 하십니다. "우리가 그와 같을 줄을 아는 것은 그의 참모습 그대로 볼 것이기 때문"입니다(요일 3:2).

세 권의 공관복음서에는 모두 '예수님의 변모'(transfiguration)에 대한 기록이 있습니다(마 17:1-9; 막 9:2-8; 눅 9:28-36). 핵심 부분은 모두 예수님께서 "그들 앞에서 변형되사 그 얼굴이 해같이 빛나며 옷이 빛과 같이 희어졌더라"는 것입니다(마 17:2). 이는 예수님께서 성육신하셔서 감추어진 방식으로 사람들에게 '하나님을 볼 수 있게' 제시하셨습니다. 예수님의 변모는 인간이 '하나님을 볼 수 있는' 그때에 하나님의 거룩한 사랑의 빛으로 말미암아 근본적인 변화가 일어남을 예표하신 것입니다.

그러나 성경은 우리에게 "네가 내 얼굴을 보지 못하리니 나를 보고 살 자가 없음이니라"(출 33:20)라고 말씀하십니다. "하나님과 친구와 같은" 모세라 할지라도 오직 하나님의 등만 볼 수 있지, 하나님의 얼굴을 볼 수 없다는 것입니다. 그러면 사람은 어떻게 하나님의 얼굴을 볼 수 있는 것일까요? 사람은 오직 어떤 매개를 통해야만 하나님 앞에 설 수 있습니까?

창세 이전부터 정하신 하나님의 뜻대로 하나님의 성자 그리스도는 사람의 모양으로 인간 세상에 강림하셔서 그때로부터 '하나님과 사람은 함께' 하셨습니다. 성자는 "보이지 아니하는 하나님의 형상"입니다(골 1:15). 그리스도는 참빛에서 나신 참빛으로서 하나님과 똑같은 존귀와 영광을 지니고 계십니다. 예수님은 바로 우리가 '하나님을 볼 수 있게' 해주시는 매개입니다. 독생하신 성자를 본 것은 곧 하나님의 얼굴을 보는 것이며 죽임을 당하지 않는 방법입니다.

예수님의 성육신은 우리에게 "하나님을 볼 수 있다"라는 희망을 가져다주시며 동시에 우리가 하나님을 보는 방식을 바꾸어주십니다. 우리는 예수님의 얼굴에서 하나님을 봅니다. 마찬가지로 우리는 예수님의 눈을 통하여 하나님을 봅니다. 마음이 청결한 사람은 일체 물질적인 욕망의 가림을 제쳐놓고 예수님으로 심령의 주관자로 삼으며 예수님의 눈길로 모든 것을 바라보려고 노력합니다. 이런 사람은 가난한 사람의 얼굴에서 하나님의 형상을 봅니다. 이웃을 대접하듯이 멀고 가까운 모든 사람을 대접합니다.

마음이 청결한 사람은 곧 마음 바탕이 순결한 사람입니다. 더 이상 물욕에 얽매이지 않습니다. 그리고 자신을 조물주의 위치에 놓지도 않습니다. 자연 만물을 대할 때 자신이 지배하는 대상이나 자기만족을 충족시키는 도구로 삼지 않고, 오히려 자신의 영성 동반자로 삼으며 자연 만물 속에서도 하나님의 얼굴을 볼 수 있습니다. 보나벤투라(Sanctus Bonaventura, 1221-1274)는 이렇게 말했습니다.

"하나님의 은혜가 우리 마음속에서 하시는 일이 많을수록 우리는 우리 몸 밖의 만물 위에서 하나님과의 만남을 배우게 되며 더 잘 배우게 된다."[36]

다시 말하면, 마음 바탕이 순결한 사람에게는 이 땅에서 내적인 하나님과의 만남과 외적인 하나님과의 만남이 동시에 이루어지는 것입니다. 그들이 마음속에서 하나님의 함께하심을 누리면 누릴수록 자연 만물과 외적인 만남 속에서 하나님의 함께하심을 더욱더 누릴 수 있습니다.

그리스도 안에서 '청결한 마음'을 가진 사람은 사도 바울이 찬송

---

36) 方濟各,《願祢受讚頌(Laudato Si')》(香港: 我們星期天訪客, 2015), p. 233.

을 불렀던 최고의 경지를 누릴 수 있습니다. 즉 하나님을 만물 중의 만유가 되게 해드리는 것입니다(고전 15:28, God may be all in all). 앞의 '만물'은 하나하나의 구체적인 사물을 가리키고, 뒤의 '만유'는 내재적으로 모든 것을 품고 계시는 하나님을 가리킵니다. '만물 중의 만유'는 모든 것을 품고 계시는 하나님께서 하나하나의 구체적인 사물 중에 나타나신다는 것입니다.

'청결한 마음'을 가진 사람은 세상의 제한적인 사물들을 신성한 것으로 간주하는 것이 아니라, 만물과 하나님 사이의 내재적인 연결을 경험하고, 모든 사물 중에서 하나님과 만날 수 있습니다. 십자가의 성 요한(St. John of the Cross, 1542-1591)은 자신의 영성 체험을 다음과 같이 말합니다.

> "산은 모두 산봉우리가 있다. 그것은 모두 숭고하고, 웅장하고, 아름답고, 우아하고, 꽃들이 만발하고, 향기롭다. 나는 얼마나 이런 높은 산들을 좋아하는지 모른다. 고적한 골짜기는 조용하고, 온화하고, 시원하고, 청량한 냇물이 흐르고 있다. 산속의 각양각색의 나무들과 작은 새들의 아름다운 노래는 우리에게 풍성한 휴식과 즐거움과 기쁨을 가져다준다. 그리고 적막함과 고요함은 기분을 신선하게 맑게 해주고 평안함을 부어준다. 내가 가장 최고로 사랑하는 것이 나에게 어떻게 해주는 것처럼 울창한 골짜기가 나에게 그렇게 해준다."[37]

---

37) St. John of the Cross, *A Spiritual Canticle of the Soul and the Bridegroom Christ* (Grand Rapids, MI: Christian Classics Ethereal Library, 2000), pp. 65-66.

만물은 모두 하나님 안에 적당하게 자리 잡고 있으며, 하나님은 만물 가운데 편재해 계십니다. 이것이 바로 마음이 청결한 사람이 할 수 있는 '하나님을 보다'라는 경험입니다.

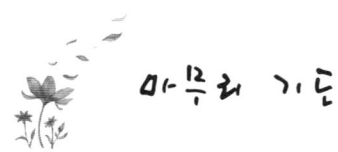
마무리 기도

그리스도시여,
당신은 하나님의 영원하신 말씀이십니다. 그러나 우리와 같은 피조물 가운데 탄생하셨습니다. 대지 위의 만물들은 즐거워합니다. 왜냐하면 주님이 이미 오셨기 때문입니다.

주여,
당신은 주의 형상과 모양대로 최초의 아담 안에 선량한 마음을 만들어 넣어주셨습니다.
간구하오니, 성령을 보내주셔서 우리의 죄를 정결하게 씻어주시옵소서. 우리가 당신의 풍성한 은혜 안에서 청결한 양심을 가지게 하소서.

그리스도시여,
당신은 우리에게 어떻게 청결한 마음으로 유혹을 대할지 보여주셨습니다.
간구하오니, 당신의 말씀으로 우리를 정결하게 해주시고, 우리가 마음을 다하여 주를 섬기게 하소서.

그리스도시여,

주는 사람으로 태어나셔서 우리를 구원하십니다. 그리고 주를 갈급해하는 이 땅도 새롭게 하셨습니다.

간구하오니, 우리의 욕심들을 치료해주시고 우리에게 청결한 마음을 허락해 주소서. 그리고 주께서 우리에게 맡겨주신 이 땅도 지켜주소서. 우리로 하여금 청결한 마음으로 만물 안에서 선하시고 미쁘신 주를 보게 하소서.

아멘!

20. 화평케 하는 자

묵상 본문

"화평하게 하는 자는 복이 있나니 그들이 하나님의 아들이라 일컬음을 받을 것임이요"(마 5:9).

"그는 우리의 화평이신지라 둘로 하나를 만드사 원수 된 것 곧 중간에 막힌 담을 자기 육체로 허시고"(엡 2:14).

"시기와 다툼이 있는 곳에는 혼란과 모든 악한 일이 있음이라. 오직 위로부터 난 지혜는 첫째 성결하고 다음에 화평하고 관용하고 양순하며 긍휼과 선한 열매가 가득하고 편견과 거짓이 없나니 화평하게 하는 자들은 화평으로 심어 의의 열매를 거두느니라"(약 3:16-18).

묵상 질문

1. 그리스도인들에게 '화평'은 어떤 뜻입니까? 왜 '하나님은 화평'이라고 합니까? '화평'은 어떻게 하나님의 창조와 구속 사역 안에 새겨져 있습니까? 예수님은 우리를 위하여 어떤 화평을 이루셨습니까?

2. 무엇 때문에 화평은 '위로부터 난 지혜'이고 선물이라고 합니까? 이 또한 어떻게 그리스도인의 사명이 되는 것입니까?

3. 그리스도인은 어떻게 '화평의 아들'이 되어야 합니까? 왜 화평의 아들이 곧 '하나님의 아들'이라고 합니까?

21일

예수님은 그의 첫 설교에서 '팔복'의 방식으로 사람들에게 진정한 행복의 길을 제시합니다. '팔복'은 윤리적인 외적 요구일 뿐만 아니라 동시에 심령의 내적 수련이기도 합니다. '팔복'은 예수님을 따르는 사람에게 끊임없이 앞으로 나아갈 수 있는 숭고한 정신세계를 펼쳐주십니다. 이는 '화평케 하는 사람'이라는 참 복된 세계로 그 최고봉에 도달하게 됩니다.

제7복은 '사람을 화목하게 하는 사람'이라고 번역할 수도 있습니다. 이것은 본문 앞뒤 문맥을 통해 '화목'이라는 단어에 대해 비교적 협의적인 해석을 합니다. 우리가 '화목'이라는 단어를 볼 때, 마땅히 이 단어가 평안, 화평, 화해 등과 같은 의미를 가지고 있음을 의식해야 합니다. 이 단어들은 서로 바꾸어 사용할 수도 있고 서로 보충되기도 합니다. 이 단어들은 하늘과 사람, 사람과 사람, 사람과 사물 간의 조화롭고 원만한 경지를 가리킵니다.

누가복음에서 기술하는 예수님의 탄생 이야기를 보면 성탄의 그 순간 천사들이 천군들과 함께 "땅에서는 하나님이 기뻐하신 사람들 중에 평화로다"라고 찬송합니다(눅 2:14). '평화'와 '영광'은 서로 대응되는 두 개의 단어입니다. 이는 우리들에게 묵상해야 할 한 가지 문제를 제시합니다. 기독교 신앙에서 '평화'란 무엇을 뜻합니까?

평화는 신성의 한 부분이고 성삼위일체는 하나의 평화의 융합체입니다. 그리스도인들이 믿는 하나님은 성삼위일체의 하나님입니다.

20. 화평케 하는 자 **213**

삼위 간에는 서로 사랑하기에 삼위는 곧 하나의 실체입니다. 삼위 사이의 사랑으로 이루어진 하나 됨은 성삼위로 하여금 '하나의 평화의 바다'(an ocean of peace)를 이룹니다. 사랑과 마찬가지로 평화도 하나님의 거룩한 이름입니다. 성삼위에 대한 묵상은 사람들에게 분쟁으로 심란해진 심령에 극복할 수 있는 동력을 가져다줍니다.

우선, 하나님은 화평입니다. 빌립보서 4장 7절에 따르면 "모든 지각에 뛰어난 하나님의 평강이 그리스도 예수 안에서 너희 마음과 생각을 지키시리라" 하십니다. 하나님은 당신의 평강으로 그리스도인의 마음을 인도하시고 보호하시며 예수님을 따르는 모든 무리가 하나 되게 하십니다. 로마서 15장 33절은 "평강의 하나님께서 너희 모든 사람과 함께 계실지어다"라고 축복합니다. 평강은 하나님이 주신 하나의 객체 혹은 하나님의 하나의 속성만이 아닙니다. 더 정확하게 평강은 곧 하나님의 본체이시며 하나님은 곧 평강이십니다.

그다음으로 주 예수 그리스도의 탄생은 곧 평화가 이 땅에 태어나신 것입니다. 에베소서 2장 14절은 "그는 우리의 화평이신지라"고 합니다. 예수님의 탄생은 사람과 하나님 사이를 막고 있는 장벽을 허물었을 뿐만 아니라 모든 민족이 더 이상 "외인도 아니요 나그네도 아니요 오직 성도들과 동일한 시민이요 하나님의 권속"이 되게 하셨습니다(엡 2:19).

사람과 하나님 사이의 화해, 서로 다른 사람들 사이의 평화는 새로 태어나신 평화의 왕 안에서 현실로 되었습니다. 예수님이 수난 당하시기 전, 제자들에게 긴 설교를 하시면서 "나의 평안을 너희에게 주노라"고 선포하셨습니다(요 14:27). 이 말씀이 의미하는 바는 예수님께서 평안을 하나의 외적인 물건으로 제자들에게 주신다는 것이 아니라 자신의 안에서부터 흘러넘치는 평안을 제자들의 생명 속에 주입하신다는 것입니다.

마지막으로, 성령도 화평의 성령입니다. 예수님께서 세례를 받으시고 요단강에서 올라오셨을 때 "성령이 비둘기 같은 형체로 그의 위에 강림"하셨습니다(눅 3:22). 이것은 홍수 이후 비둘기가 감람나무 잎사귀를 물고 와서 노아에게 모든 생물을 진멸한 홍수가 이미 지나갔고 평화가 세상에 임하였으며 하나님과 세상 만물 간에 맺은 영원한 평화의 언약을 알리던 것과 같은 의미입니다(창 8:10-11, 21, 9:1-17).

예수님이 부활하신 저녁에 제자들 앞에 나타나셨을 때, 예수님의 첫 마디가 "너희에게 평강이 있을지어다"였고, 그러고 나서 제자들을 향하여 죄 사함과 화평의 성령을 숨으로 내쉬셨습니다(요 20:21-23). 이 성령은 모든 예수님의 제자들 안에서 운행하시며 그들의 생명 안에 화평의 열매를 맺어주십니다(갈 5:22).

화평은 또한 하나님의 창조 중에 새겨져 있습니다. 하나님께서 만물을 창조하실 때 모든 만물에게 성삼위의 흔적을 남기셨습니다. 화평의 하나님께서 창조하신 것은 화평한 세상입니다. 동시에 하나님이 내적으로 삼위를 가지고 계신 것처럼 이 화평의 세상도 내적으로 구별된 역할들과 질서를 가지고 있습니다. 여기에서 화평은 단순히 하나가 되는 것이나 서로 부딪침 없이 고요한 것이 아닙니다.

삼위일체 하나님은 세 개의 서로 다른 위격으로 구성된 내적 조화의 통일체입니다. 하나님께서 창조하신 세계도 질서 중에서 다양성이 융합되고 서로 보충하여 화평의 통일체를 이루는 것입니다. 여기에서의 평화는 서로 부정적으로 분쟁하고 범죄함이 없다는 것이 아니라, 긍정적으로 질서, 생기, 활력, 영광을 포함하는 것입니다.

창세기 맨 앞의 두 장이 기술하는 것처럼, 최초의 피조 세계는 하나님의 화평 안에 있었습니다. 이러한 온 세상이 처했던 '큰 화평'(太和)의 경지를 다른 말로, 하나님께서 최초에 창조하신 세상은 곧 하나의 '큰 화평'이라고 할 수 있습니다. 이 '큰 화평'의 경지는 다음과 같은 의미들을 포함하고 있습니다.

첫째, 만물은 서로 다르지만 함께 구성된 질서 속에 존재한다는 것입니다. 하나님은 '나뉘는' 방식으로 우주의 창조를 진행하셨습니다. 하늘, 땅, 바다가 그 가운데서 나뉘어 나왔고, 그 속에는 공중의 새, 땅 위의 짐승과 사람, 바다 속의 물고기로 가득 찼습니다. 이들은 각각 자기의 자리가 있었고 서로 다른 종류로 나뉘며 "생육하고 번성하여 여러 바닷물에 충만하고 새들도 땅에 번성"하였습니다(창 1:22). 세상은 생명의 다양성이 충만하고 질서정연한 종합체이기도 합니다.

둘째, 모든 생명은 서로 해치지 않고 사이좋게 공존하는 화평 속에 있었습니다. 사람과 동물이 창조된 이후 하나님께서는 이렇게 명령하셨습니다.

> "내가 온 지면의 씨 맺는 모든 채소와 씨 가진 열매 맺는 모든 나무를 너희에게 주노니 너희의 먹을거리가 되리라. 또 땅의 모든 짐승과 하늘의 모든 새와 생명이 있어 땅에 기는 모든 것에게는 내가 모든 푸른 풀을 먹을 거리로 주노라"(창 1:29-30).

사람 앞에서 동물들은 두려워하고 무서워하지 않았습니다(창 9:2). 모든 동물들도 푸른 풀을 먹이로 삼았습니다. 모든 생명은 평화롭게 공존하였으며 소위 '약육강식'(弱肉强食), 즉 약한 자가 강한 자에게 먹히는 일이 없었습니다. 이것이 바로 이사야 선지자가 간절히 바라던 '큰 화평'의 세계입니다.

> "이리가 어린 양과 함께 살며 표범이 어린 염소와 함께 누우며 송아지와 어린 사자와 살진 짐승이 함께 있어 어린아이에게 끌리며 암소와 곰이 함께 먹으며 그것들의 새끼가 함께 엎드리며 사자가 소처럼 풀을 먹을 것이며 젖 먹는 아이가 독사의 구멍에서 장난하며 젖 뗀 어린아이가 독사의 굴에 손을 넣을 것이라 내(하나님) 거룩한 산 모든 곳에서 해 됨도 없고 상함도 없을 것이니"(사 11:6-9).

셋째, 세상은 아직 움직임과 멈춤이 함께하는 화평 안에 있습니다. 하나님께서 6일 동안 세상을 창조하시자 생명은 하늘과 땅 사이에서 기쁨으로 활약합니다. 그러나 제7일에는 "하나님께서 모든 일을 쉬셨고" 세상도 안식 가운데 들어갑니다. 세상 만물은 움직임의 끝에서 안정을, 안정의 끝에서 다시 움직임을 반복하는 리듬 속에서 살아 있는 화평을 유지하고 있습니다.

넷째, 사람의 영과 육도 화평 안에 있습니다. 하나님은 먼저 땅 위의 흙으로 사람의 몸을 만드셨습니다. 이는 사람과 물질세계의 하나 되는 관계를 표명합니다. 그리고 하나님은 '생기를 사람의 코에 불어 넣어' 주셔서 '영이 있는 산 사람'으로 만드셨습니다. 이는 사람의 영혼은 하나님께로부터 온 것이며 영 안에서 사람과 하나님이 서로 교통함을 표명합니다.

사람은 땅으로부터 나오기도 했지만 하나님으로부터 나오기도 한 것입니다. 사람은 '영이 있는 산 사람'으로서 영혼과 육체 사이에는 구별이 있는 화평의 상태가 존재합니다. 이것은 피조 세계와 창조주 사이의 다리 역할을 하는 것입니다.

다섯째, 남자와 여자 또한 화평 안에 거합니다. 하나님께서 아담의 갈비뼈를 취하여 하와를 만드신 후 하와를 아담 앞에 이끌고 나옵니다. 그때 아담은 "이는 내 뼈 중의 뼈요 살 중의 살이라"고 말합니다. 이는 남자와 여자 사이의 하나 된 결합을 표명합니다. 남자와 여자는 서로의 '또 다른 나'입니다.

또한 화평은 하나님의 구원 사역의 주된 선율입니다. 사망은 죄로 말미암아 세상에 들어왔고 분쟁, 부패와 타락은 하나님의 화평을 파괴하였습니다. 이와 대조적으로 구원은 곧 하나님께서 화평을 세상에 가져다주셔서 세상이 '큰 화평'의 차원을 회복하는 것입니다.

구약에서 구속에 관한 서술 가운데 몇 가지 대표적인 구속 사건들이 있습니다. 그 사건들은 여호와께서 우주를 파괴하는 세력들을 이기시고 평화로 세상을 통치하시는 내용이 들어 있습니다. 예를 들면, 출애굽기 15장에 기록된 모세가 홍해를 지나간 후 부른 찬송, 출애굽기 24장 10절에 기록된 "이스라엘의 하나님을 보니 그의 발 아래에는 청옥을 편 듯하고 하늘같이 청명하더라"와 같은 것들입니다.

선지자들의 선포에서는 '구원'과 '화평'이 서로 바뀌어 사용되었습니다. 예를 들면, 에스겔서 37장 26절에서는 하나님과 사람 사이에 세워진 새로운 언약을 '화평의 언약'이라고 불렀습니다. 이사야서 52장 7절에서는 "좋은 소식을 전하며 평화를 공포하며 복된 좋은 소식을 가져오며 구원을 공포하며 시온을 향하여 이르기를 '네 하나님이 통치하신다'"라고 하였습니다. 히브리 전통의 평행구조를 사용하여 평화와 구원을 동등하게 표현하였습니다.

고대 이스라엘 전통에서 '화평'에 대한 가장 경전적이고 농축된 표현은 민수기 6장 24-26절의 '아론의 축복'입니다.

"여호와는 네게 복을 주시고 너를 지키시기를 원하며 여호와는 그의 얼굴을 네게 비추사 은혜 베푸시기를 원하며 여호와는 그 얼굴을 네게로 향하여 드사 평강 주시기를 원하노라."

하나님의 사람에 대한 축복, 빛 비추심, 보호, 은사 이 모든 것은 전부 하나님이 주신 '평강' 안에 응결되어 있습니다.

예수님의 성육신은 하나님의 구원 역사에서 결정적인 사건입니다. 이는 하나님의 평화가 이 땅 위와 세상에 강림하신 최고봉의 사건입니다. 화평은 하나님의 선물입니다. 예수님이 탄생하셨을 때 천사들이 "땅에서는 하나님이 기뻐하신 사람들 중에 평화로다"(눅 2:14)라고 찬송을 부릅니다. 바울도 "그는 우리의 화평이신지라"(엡 2:14)고 고백합니다.

우리는 예수 그리스도를 통하여 하나님과 화목하게 되었습니다. 예수 그리스도에 대한 믿음을 통하여 우리는 하나님께서 주신 '화평의 선물'을 받았습니다. 이를 기초로 우리는 다시 이 선물을 우리 삶속에서 표현해냅니다. 화평을 사명으로 하여 이 땅에서 하나님께서 창조 초기에 설정하신 사람과 사람, 사람과 만물, 사람과 하나님 간에 화목하게 살아가는 '큰 화평'의 차원을 실현하기 위해 노력합니다.

예수님께서 가져다주신 화평은 궁극적인 의미에서는 평화입니다. 예수님은 우리가 거짓되고 협소한 화평 안에 빠지지 않도록 깨우쳐 주십니다. 마태복음 10장 34-37절에서 예수님은 제자들에게 다음과 같이 경고하셨습니다.

"내가 세상에 화평을 주러 온 줄로 생각하지 말라. 화평이 아니요 검을 주러 왔노라. 내가 온 것은 사람이 그 아버지와, 딸이 어머니와, 며느리가 시어머니와 불화하게 하려 함이니 사람의 원수가 자기 집안 식구리라. 아버지나 어머니를 나보다 더 사랑하는 자는 내게 합당하지 아니하고 아들이나 딸을 나보다 더 사랑하는 자도 내게 합당하지 아니하며."

예수님은 이처럼 분명한 언어로 사람들을 깨우쳐줍니다. 예수님께서 가져다주신 화평은 진정한 '큰 화평'이고, 각종 자아, 가정, 국가와 민족을 중심으로 세워진 평화는 그냥 '작은 화평'에 불과하다는 것입니다. 사람들은 습관적으로 자기를 중심으로 자기에게 속한 평화를 이루려 합니다. 이는 필연적으로 일종의 투쟁을 실질적인 내용으로 하는 평화입니다. 자기를 중심으로 하는 평화는 타인에 대한 공격을 전제로 합니다. 중국 고대 철학자 묵자(墨子)도 이렇게 경고한 적이 있습니다.

"한 사람이 자기 몸만 사랑하고 다른 사람의 몸을 사랑하지 않는 것은 곧 다른 사람의 몸을 거리낌 없이 도적질하는 것이다. 한 가장이 자기 집만 사랑하고 다른 사람의 집을 사랑하지 않으면 곧 다른 사람의 집을 거리낌 없이 빼앗는 것이다. 한 제후가 자기 나라만 사랑하고 다른 사람의 나라를 사랑하지 않으면 곧 다른 사람의 나라를 거리낌 없이 공격하는 것이다"《묵자·겸애》.[38]

---

[38] "人獨知愛其身, 不愛人之身, 是以不憚舉其身以賊人之身; 家主獨知愛其家, 不愛人之家, 是以不憚舉其家以篡人之家; 諸侯獨知愛其國, 不愛人之國, 是以不憚舉其國以攻人之

이러한 '작은 평화'는 이기적인 것이고 작은 범주의 것입니다. 타인을 평화의 대가로 삼기 때문에 오래 갈 수가 없습니다. 그러므로 궁극적인 의미의 '큰 평화'를 이룬다는 것은 이러한 각종 '작은 평화'의 소멸이 포함되어 있는 것입니다.

예수님은 성육신하신 하나님의 말씀입니다. 예수님은 하나님과 동일한 본질, 동일한 영광을 가지셨지만 사람의 형상을 취하여 피조 세계에 들어오셔서 피조물의 하나가 되셨습니다. 그 목적은 모든 피조물이 자신을 통하여 전환되어 하나님과 화평한 관계 안에 들어가게 하시려는 것입니다. 예수님은 성자의 권세를 가지고 계십니다. 본래 참 하나님이셨고 우주의 주재이시며 모든 피조물을 하나님과의 화목함으로 데리고 가실 능력이 있으십니다. 성경은 이렇게 말씀하십니다.

"만물이 그로 말미암아 지은 바 되었으니 지은 것이 하나도 그가 없이는 된 것이 없느니라"(요 1:3).

하늘 위와 땅 아래까지, 보이는 것과 보이지 않는 것을 포함한 모든 실재적 세계는 전부 다 그를 통해 존재하는 것이며, "만물이 그에게서 창조되되 하늘과 땅에서 보이는 것들과 보이지 않는 것들과 혹은 왕권들이나 주권들이나 통치자들이나 권세들이나 만물이 다 그로 말미암고 그를 위하여 창조"되었습니다(골 1:16). 예수님은 만물의 시작이고 만물 중에 관통하며 만물의 최후의 귀착점이시고 "만물이 주에게서 나오고 주로 말미암고 주에게로" 돌아갑니다(롬 11:36). 예수

國."《墨子 · 兼愛》

님의 성자의 신분과 권세는 그가 이 세상에 태어나심으로 가져다주신 평화가 반드시 '큰 평화'를 궁극적으로 이루게 됨을 의미합니다.

예수님은 본래 하나님과 동등한 완전한 실체입니다. 그러나 성육신과 십자가를 통해 자신을 완전히 부수셔서 자신의 완전한 실재를 땅 위에 뿌리시어 만물이 그의 실재와 영광을 함께 누리게 하셨습니다. 예수님은 본래 성삼위의 사랑 공동체 안에서 완전한 화평을 누리셨습니다. 그러나 그는 자신을 비우는 행동으로, 폭력과 죽음을 감수하는 방식으로 폭력과 죽음을 폐하시고 피조 세계가 하나님의 평화를 누리게 하셨습니다. 이것이 곧 골로새서 1장 19-20절에서 말씀하시는 바입니다.

> "아버지께서는 모든 충만으로 예수 안에 거하게 하시고 그의 십자가의 피로 화평을 이루사 만물 곧 땅에 있는 것들이나 하늘에 있는 것들이 그로 말미암아 자기와 화목하게 되기를 기뻐하심이라."

예수님이 가져다주신 영원한 세상의 평안은 사람들에게 있어서 값없이 주어진 선물입니다. 왜냐하면 그것은 성자의 두 번에 걸친 내적 '자기 비움'의 행동을 통하여 이 세상에 실현되었기 때문입니다. 빌립보서 2장 6-8절은 예수님에 대해 다음과 같이 개괄적으로 표현합니다.

> "그는 근본 하나님의 본체시나 하나님과 동등됨을 취할 것으로 여기지 아니하시고 오히려 자기를 비워 종의 형체를 가지사 사람들과 같이 되셨고 사람의 모양으로 나타나사 자기를 낮추시고 죽기까지 복

종하셨으니 곧 십자가에 죽으심이라."

　예수님이 자신을 비우신 첫 번째 행동은 곧 성육신하사 창조주가 피조 세계의 하나가 되신 것입니다. 두 번째 행동은 곧 십자가에서 죽으신 것입니다. 성육신은 십자가 죽으심의 전제가 되고, 십자가는 성육신의 실현이 됩니다. 성육신을 실현하신 목적은 반드시 십자가의 길을 통해야 하고, 십자가에서의 수난과 피 흘림은 성육신이 보여주시는 영원한 세계의 화평을 실현하신 것입니다. 그 사이를 관통하면서 변치 않는 것은 바로 하나님의 은혜와 사랑입니다.
　예수님께서 제7복에서 말씀하신 '화평케 하는 사람'은 자기 자신을 가리키신 말씀이기도 하고 예수님을 따르기를 원하는 모든 사람에게 하신 요청이기도 합니다. '화평케 하는 사람'이 된다는 것은 예수님께서 그리스도인 생명에 대한 약속이기도 하고 또한 그리스도인 삶에 맡겨주시는 사명이기도 합니다.
　예수님은 '우리의 화평'이십니다(엡 2:14). 그러므로 예수님을 주인으로 삼고 본받기를 원하는 사람은 마땅히 화평을 생명의 본질로 삼아야 합니다. 우리는 화평의 자녀가 되어야 하고, 평화의 전달자가 되어야 하며, 자기 자신을 화평의 도구로 삼아야 합니다. 우리는 삶의 모든 차원에서 화평의 모습으로 살아내야 합니다.
　예수님의 일생은 곧 하나의 '화목제'입니다. '제사'는 곧 희생이고 자신을 비우는 것이며 다른 사람을 살리는 것입니다. 이는 예수님께서 실현하신 하나님의 화평의 길입니다. 즉 자기를 비움으로 화평을 실현하는 것입니다. 간단히 말하면, 곧 자기를 중심으로 삼지 않는 화평입니다. 우선, 이는 형제자매를 대하는 감정으로 주변의 모든 것을 대합니다. 이런 화평은 우리가 타인에 대한 통치로 이루어지는 것이 아닙니다. 이는 다른 사람을, 심지어 자연 만물까지도 우리의 동반자로 보는 것입니다. 동반자의 의미는 곧 "내가 곧 너이고, 네가 곧 나이다"라는 것으로써 타인과 만물은 모두 또 다른 나이며 나 역시 또 다른 너라는 것입니다. 이는 일종의 '두 사람이 이루는 인의'(二人成仁)라는 화평으로써 인애(仁愛)는 그리스도인의 화평의 본질입니다.

그다음, 이는 일종의 구별이 없는 화평입니다. 사람이 자기를 중심으로 할 때, 그는 곧 친소관계로 주변의 일체를 바라보게 되며 타인과 사물은 친구로 혹은 원수로 구별하여 보게 됩니다. 그러나 예수님은 우리에게 우리의 원수도 사랑하라고 하십니다. 이는 곧 구별하지 않는 마음으로 모든 것을 보라는 것입니다. 만물은 결코 우리 자신을 중심으로 하는 차등의 구조에 있는 것이 아니라 모든 사물은 저마다 신성의 빛을 반영하고 있습니다. 이러한 평화는 의미에 따라 구별하는 것이 아니라 모든 것을 용납하는 평화입니다.

마지막으로, 이는 일종의 대가를 바라지 않는 선한 뜻입니다. 그리스도의 화평은 하나의 선물입니다. 마찬가지로 우리의 평화 역시 하나의 선물입니다. 이 평화는 어떠한 상호 교환의 관계 속에 있는 것이 아닙니다. 타인을 위해 우리가 했던 어떤 일에 대한 보답도 아니고 나중에 이 일을 위해 어떤 보상을 요구하는 것도 아닙니다.

예수님께서 우리에게 요구하신 화평 사명은 '큰 화평'입니다. 여기에는 '사람들을 화목하게 한다'는 뜻이 포함되어 있지만 단지 화목하게만 한다는 의미가 아닙니다. 더욱 깊은 뜻에서 '큰 화평'의 차원이야말로 예수님께서 우리에게 실현하라고 요구하신 평화입니다. 예수님께서는 우리에게 그리스도 안에서 하나님과의 화평을 실현한 후에야 우리 자신과 타인과 자연과 진정한 평화를 실현할 수 있다고 하십니다.

'사람과 화목하게 하는 사람'이 되려면, 그리스도인은 우선 자기 자신과 화목하는 화평의 사람이 되어야 합니다. 그러면 어떻게 화평을 이루는 사람이 되어야 할까요? 자기와 화목한다는 것은 무엇일까요? 평화의 표면적인 의미는 전쟁이 없다는 것입니다. 하지만 내적인 평화는 우리가 현재 시간 시간마다 삶 속에서 깊은 화목 안에 산다는 것을 뜻합니다. '하늘을 원망하지 않고 사람과 동떨어져 있지 않는 것'입니다. 삶의 작은 것들을 받아들이면서 화평함 속에서 주변의 사물을 느끼고 깨닫는 것입니다. 이러한 평화는 우리의 생명이 진정으로 '지금 이 순간을 살게' 해줍니다.

다시 말하면, 삶의 순간순간마다 우리가 소유한 것들에게 얽매이지 않고 우리가 가지고 있는 부족함 때문에 마음이 상하지 않는 것입니다. 소위 '만물을 부드럽게 순응한다'(和順萬物)라는 말에서 '부드럽게'가 곧 '순응'하는 것입니다. 우리는 하나님께서 우리 삶에 섭리해 놓으신 모든 것에 순응해야 합니다. 우리는 하나님께서 모든 사람과 모든 사물에 온전히 임재하심을 믿습니다. 이렇게 우리는 진정한 평화의 삶의 상태에 도달할 수 있습니다.

이는 우리가 진지하고 최선을 다해 삶을 대할 수 있게 하고 현재의 상황에 마음을 집중할 수 있게 합니다. 과거의 상처에 머무르지 않고 앞으로 닥쳐올 일을 미리 염려하지 않게 합니다. 이렇게 순간순간을 하나님께서 주신 선물로 받아들이고 그 속에서 원만한 삶을 살 수 있게 합니다.

진정한 내적인 화평은 필연적으로 우리의 인류 평화에 대한 관심과 생태 환경에 대한 관심과 긴밀하게 연계되어 있습니다. 사회, 자연과의 평화로운 관계는 외적인 것뿐만 아니라 우리의 내적 평화와도 결합되어 있으며 우리로 하여금 '평화의 아들'로서의 원만한 생명을 살아낼 수 있게 합니다. 인류 사회의 차원에서 평화를 회복하고 수호하는 것은 우리에게 있어서 그리스도 안에서의 '천하주의'(天下主義)입니다. 갈라디아서는 이렇게 말합니다.

> "누구든지 그리스도와 합하기 위하여 세례를 받은 자는 그리스도로 옷 입었느니라. 너희는 유대인이나 헬라인이나 종이나 자유인이나 남자나 여자나 다 그리스도 예수 안에서 하나이니라"(갈 3:27-28).

그리스도 안에서 우리는 하나님과 화평의 관계를 이루고 하나님의 자녀로 받아들여졌습니다. 하나님의 자녀는 우리의 가장 근본적인 신분입니다. 그러므로 우리는 '구별이 없는' 마음으로 기타 '신분', 예를 들면 성별, 종족, 계급, 신분들을 대해야 합니다. 그리스도 안에서의 평화는 사람들로 하여금 이런 신분에 대한 집착이 곧 인류 사회의 분란과 전쟁의 근원임을 깨닫게 해줍니다. 신분에 대한 집착은 남녀 간의 성별 전쟁, 계층 간의 계급 전쟁, 서로 다른 종족과 국가 간의 전쟁을 초래합니다.

그리스도의 화평은 우리를 '평화의 아들'이 되게 합니다. 천하는 모든 사람의 천하이지 어떤 특정한 일부 사람들의 것이 아닙니다. 그리스도 안에서 하나님과 사람 간의 화평은 사람을 하나님의 사랑 안에 하나가 되게 합니다. 하나님과 사람 간의 화평은 사람과 사람 간의 현실적인 관계에까지 확장됩니다. 즉 '너'와 '나'와 함께 사랑 안에서 하나가 되어 '내'가 곧 '너'이고 '네'가 곧 '나'입니다. 모든 사람들은 모두 '너-나'의 관계 안에서 어진 자들이 됩니다. 더 한층 넓게 본다면, 사람들은 "자기가 친하게 여기는 사람과만 친하게 지내고, 자기 자식만 자식으로 생각하지 않는다"[39]는 좁은 틀에서 벗어나 자기 집만, 자기 민족만, 자기 나라만 고집하지 않는다는 것입니다. 이렇게 그리스도의 화평 안에서야만 '천하태평'의 세계 평화를 이룰 수 있습니다.

우리는 그리스도의 화평을 사람과 자연 간의 관계에까지 확장해야 합니다. 하나님께서 천지를 창조하셨고 사람은 그중에서 단지 관리자이고 청지기일 뿐입니다. 사람이 하늘과 땅 사이에서의 사명은 천지 만물을 인도하여 함께 하나님을 찬송하는 것입니다. 이런 의미에서 천지간의 만물은 우리가 마음대로 지배할 대상이 아니라 우리의 영적 동반자입니다.

그러나 근현대에 와서 이성주의가 지배적인 자리를 차지하면서 사람들은 과학기술을 수단으로 삼아 자연을 단순히 수동적인 대상으로 낮추어 대하기 시작했습니다. 그리고 소비주의가 이끌고 가는 경제 체계로써 천지 만물을 마음대로 소비하는 대상으로 삼아 이용하고 착취하며 억압합니다. 이와 같은 과학주의, 소비주의, 향락주의의 지배 아래 인류는 천하 만물에 대하여 전쟁을 발동한 것과 같습니다.

이 전쟁에서 자연은 상처로 얼룩졌고 동식물들은 엄청난 속도로 소멸되며 공기와 수자원의 오염 역시 갈수록 심각해졌습니다. 이런 가운데 자연도 자신의 방법으로 인류에게 보복합니다. 각종 열악하

---

39) "不獨親其親, 不獨子其子"(戴聖, 《禮記·禮運》).

고 극단적인 기후가 닥쳐오고 인류가 살기에 적합하지 않은 환경이 점점 더 확대됩니다. 오늘에 이르기까지 인류와 자연은 이미 격렬한 전쟁 중에 빠졌습니다.

> "이 땅이 슬퍼하며 거기 사는 자와 들짐승과 공중에 나는 새가 다 쇠잔할 것이요 바다의 고기도 없어지리라"(호 4:3).

그리스도께서 우리 생명의 깊은 곳에서 화평을 실현해주셨습니다. 이 내적인 화평이 우리에게 자연과의 전쟁을 그치라고 요구하고, 우리의 영성 동반자로 회복하라고 하며 하늘과 땅 사이에 평화를 실현시켜 줍니다. 하나님은 당신의 전능하신 말씀으로 천지 만물을 공허함 속에서 불러내시며 만물의 존재가 모두 당신의 숨을 쉬게 하십니다. 만물은 하나님 안에서 펼쳐지며 하나님도 만물 안에서 그들을 충만하게 하십니다.

피조된 만물 중에서 하나님은 사람에게 "생기를 그 코에 불어넣으시니" 오직 사람의 영성만이 하나님의 입으로부터 그 생기를 직접 받은 것입니다. 인류는 '만물의 관리자'라는 신분을 가집니다. 이는 만물에 대한 통치 권력만을 표시하는 것이 아니라 오히려 영적인 맏아들의 신분으로 만물 중에서 하나님께서 부여하신 영성을 발견하며 만물을 이끌고 창조주에 대한 찬송 가운데 들어가는 것입니다.

이는 한 걸음 더 나아가서 우리에게 내적이고 외적인 두 가지 차원에서 하나님과의 만남을 열어 주십니다. 날이 갈수록 우리는 마음 깊은 곳에서 하나님의 은혜를 체험하게 되며, 외적인 만물 중에서 하나님과의 만남을 배우게 됩니다. 이런 상태 가운데서 우리는 심지어 내적이고 외적인 구분이라는 것이 소용없게 됩니다. 내적이 곧 외적이고 외적이 곧 내적이며, 내적이든 외적이든 모두 우리가 하나님과 만나는 장소가 되는 것입니다. 한 잎의 나뭇잎에서, 한 방울의 이슬에서, 한 갈래의 오솔길에서, 한 어린아이의 얼굴에서, 한 교회당의 피뢰침에서, 현실적인 삶과 예배가 하나로 녹아진 사회 속에서, 우리는 하나님과 이 모든 것들의 내적으로 깊은 연결을 경험할 수 있습니다. 모든 사물은 그들의 '아름다움'으로 하나님의 얼굴을 반사해 내는 것입니다.

이렇게 우리는 그리스도 안에서의 화평을 기반으로 자아와 다른 사람, 하늘, 땅과의 평화를 이룹니다. 이 또한 만물이 하나님 안에서 누리는 '안식'이기도 합니다. 안식은 곧 창조주와 피조물이 함께 누리는 '태평'(太平)입니다.

> "하나님이 그가 하시던 일을 일곱째 날에 마치시니 그가 하시던 모든 일을 그치고 일곱째 날에 안식하시니라"(창 2:2).

하나님께서 만물을 창조하신 목적은 무엇일까요? 그것은 바로 하나님 안에서의 안식입니다. 제7일은 창조의 마지막 하루이고, 유일하게 "거룩하다"라고 하신 날이기도 합니다. 앞의 6일간은 제7일을 종착으로, 최고봉으로 삼고 있습니다. 이날은 안식일이기도 하고 경축일이기도 합니다. 만물은 소리 없는 조용한 평화 속에서 하나님의 영 안에서 하나로 연결됩니다. 그리고 말로 표현할 수 없는 방식으로 창조주에게 찬송을 올립니다. 우주는 '큰 화평'의 경지에 잠기게 되고 '태평'한 세계로 들어가게 됩니다.

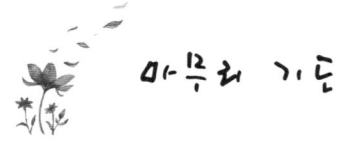

마무리 기도

그리스도시여,
당신이 이 땅에 태어나실 때 천사들이 세상을 향하여 평화의 선포를 전하였습니다. 우리는 지금 당신의 탄생을 기뻐합니다.
간구하오니, 성탄으로 이 세상에 평화를 가져다주옵소서.

그리스도시여,
당신은 자원하셔서 성삼위 가운데 있는 사랑의 화평을 떠나 십자가에서 성부와 헤어지는 고통을 감내하시고 우리의 화목제물이 되어 주셨습니다.
간구하오니, 당신의 성령을 우리 안에 보내셔서 우리가 이 세상에 화평케 하는 자들이 되게 하소서.

그리스도시여,
당신은 모든 전쟁 무기들을 빼앗으셨습니다.
당신은 우리와 만물 간의 분쟁을 종결시키셨습니다.
간구하오니, 우리가 모든 일 모든 순간에 언제나 당신을 만나 뵙게 하옵소서. 당신은 평화의 왕이십니다. 간구하오니, 우리를 큰 화평의 안식처로 인도하여 주옵소서. 아멘!

21. 의를 위하여 박해를 받는 자

묵상 본문

"의를 위하여 박해를 받은 자는 복이 있나니 천국이 그들의 것임이라 나로 말미암아 너희를 욕하고 박해하고 거짓으로 너희를 거슬러 모든 악한 말을 할 때에는 너희에게 복이 있나니 기뻐하고 즐거워하라 하늘에서 너희의 상이 큼이라 너희 전에 있던 선지자들도 이같이 박해하였느니라"(마 5:10-12).

"사랑하는 자들아 너희를 연단하려고 오는 불 시험을 이상한 일 당하는 것같이 이상히 여기지 말고 오히려 너희가 그리스도의 고난에 참여하는 것으로 즐거워하라 이는 그의 영광을 나타내실 때에 너희로 즐거워하고 기뻐하게 하려 함이라 너희가 그리스도의 이름으로 치욕을 당하면 복 있는 자로다 영광의 영 곧 하나님의 영이 너희 위에 계심이라"(벧전 4:12-14).

묵상 질문

1. 제8복은 앞의 일곱 가지 복과 어떻게 구별됩니까? 또 어떻게 내재적인 연관이 있습니까?
2. 제8복은 우리와 세상에 어떠한 관계를 깨우쳐줍니까?
3. '박해를 받는 사람'과 '십자가에 못 박히신 예수님'의 관계를 어떻게 이해해야 할까요?
   우리와 예수님은 받고 있는 박해를 어떻게 서로 나누어 감당합니까?

21일

사람들은 '박해 받음'을 좋아하지도 않고 또 좋아할 수도 없습니다. 그러나 예수님의 팔복은 도리어 '박해를 받음'으로 마무리합니다. 그 뜻인즉 의를 위해 박해를 받는 사람만이 십자가에 못 박히신 예수님의 참 제자라는 것입니다. 예수님께서 십자가에 못 박히심으로 사람들이 참 자유를 얻게 되듯이 제자들도 이 세상에서 박해를 받아야 하나님의 축복이 이 세상에 열리고 이 패역하고 타락한 세상이 하나님의 생명과 축복 안으로 연결됩니다.

마지막 하나의 복으로서 제8복은 특별한 위치에 있습니다. 앞의 일곱 개 복은 제자들에게 마땅히 능동적으로 추구해야 할 방향을 제시하였다면, 제8복은 제자들에게 사회에서 직면해야 할 수동적인 상황을 제시해줍니다. 이는 우리에게 세상에 들어가 구체적인 삶, 특히 세상과의 마찰과 충돌 가운데서 우리가 예수님과 함께 가져야 할 마음을 요구합니다.

예수님의 탄생 이야기에서 한층 점진적으로 예수님의 영광스러운 신분을 찬양한 이후 누가복음은 '시므온의 찬가'에서 예수님께서 장차 십자가에 못 박히게 될 것을 미리 알려주십니다. 마찬가지로 예수님도 앞의 일곱 개 복도 한층 점진적으로 제자들이 누리게 될 참 복들을 제시하신 후 '박해를 받음'을 제8복으로 제시하십니다. 예수님께서는 매우 냉정하게 제자들에게 말씀하십니다. 그들이 누리는 참복은 이 죄악 세상에서 벗어남으로 실현되는 것이 아닙니다. 이 세상은 여전히 사탄의 권세 아래에 있습니다. 제자들이 예수 그리스도 안에서 누리는 참 복은 내적인 심령이나 품격 차원에만 있는 것이 아니라 이 세상과의 마찰과 충돌 속에서 얻어지는 것입니다.

그리스도인은 주변과 상관없이 자기만 챙기는 사람이 아닙니다. 그리스도인은 겸손함, 애통함, 온유함, 자비함, 청결함과 화평함을 추구해야 하는데 이 모든 것들은 이 세상을 이탈하여 완성할 수 있는 것이 아닙니다. 예수님께서 주신 참 복을 누리는 것은 오히려 이 세상 안에 들어가서 세상이 우리에게 주는 박해와 조롱을 감내하면서 하나님의 화평과 자비를 이 세상 안으로 갖고 들어가는 것입니다.

만약 우리가 경배하는 이가 십자가에 못 박히신 예수님이 맞다면, 어찌 이 세상에서 받는 고난을 거부할 수 있겠습니까? 우리가 어찌 이 세상에서 받는 박해를 하나님께서 우리에게 주시는 축복으로 기쁘게 받지 않을 수 있겠습니까?

복음서에서 '팔복'은 특별한 부분입니다. 이는 예수님께서 대중들에게 전도하실 때 하신 첫 설교입니다. 그리스도 복음을 이해하는 열쇠이고 전체 복음의 축소판입니다. 이는 예수님을 따르는 사람들에 대한 가르침이기도 하고 예수님의 개인적인 일생의 묘사이기도 합니다. 이때로부터 예수님은 더 이상 요셉 가정의 목수가 아닙니다. 예수님은 사람들 가운데 들어가시기 시작하였고 무리에게 복음의 진리를 가르칠 뿐만 아니라 구체적인 삶의 십자가를 보여주셨습니다. 예수님은 차근차근 우리에게 보여주십니다. 성육신하신 말씀이 어떻게 십자가의 길을 걸으셔서 원만한 구원을 향하여 나아가셨는지를 보여주십니다. 성육신과 십자가는 서로 품으시고 드러내십니다. 팔복 안에서 이 구조를 보여주십니다. 앞의 일곱 개 복은 우리가 그리스도 안에 있는 진실되고 풍성한 생명의 경지에 해당됩니다. 그러나 이러한 경지는 "박해를 받음"을 통과해야만 이 세상에서 드러나게 됩니다.

마음은 우리의 복 받는 밭이고, 우리가 그리스도의 참 복을 받는 곳입니다. 그러므로 그리스도인의 마음은 독립적으로 존재하는 것이 아니라 우리와 그리스도의 교환, 교류와 융합 속에서 형성되는 것입니다. 예수님의 성육신하심은 우리의 육신이 말씀이 되고 그리스도의 의가 우리의 죄와 교환되는 것입니다.

그리스도 안에서 우리는 하나님께 받아들여졌고 기도를 통하여 그리스도와 순간순간마다 만납니다. 기도 중에서 우리는 그리스도와 만나고 그리스도와 교통합니다. 그리스도의 은혜 안에서 우리는 점점 그리스도와 하나로 융합됩니다. 그리스도의 빛 가운데서 갈수록 그리스도를 닮아갑니다. 이것이 곧 우리가 끊임없이 '그리스도 예수의 마음을 품는'(빌 2:5) 과정입니다.

마음도 삶의 원천이고 행동의 주체입니다. 우리는 마음을 통해 세상과 교류합니다. 마치 예수님께서 십자가로 나아가심을 통해 세상을 품었듯이 우리의 마음도 '박해를 받음'을 통해 세상과 교류합니다. 우리 마음이 세상과 교류하는 것이 곧 '일'(事)입니다. 마음은 일을 떠날 수 없고, 마음 밖의 일도 없습니다. 일을 다스린다는 것이 곧 마음을 다스리는 것이고, 마음을 다스리는 것은 일을 다스리는 것과 떨어져 있을 수 없습니다.

그리스도인의 마음 다스림은 이 세상과 동떨어져 있지 않습니다. 마음은 일 가운데서 다스려지고 일 가운데서 이루어집니다. '그리스도 예수의 마음을 품는' 것은 이 세상의 단련을 거쳐야만 비로소 완성될 수 있습니다.

성경 구절을 보면 제8복은 두 구절로 이루어져 있습니다. 한 구절은 "의를 위하여 박해를 받은 자는 복이 있나니"를 강조하고, 다른 한 구절은 "나로 말미암아 너희를 욕하고 박해하고 거짓으로 너희를 거슬러 모든 악한 말을 할 때에는 너희에게 복이 있나니"를 강조합니다. 이는 우리에게 이런 질문을 생각하게 합니다. 의를 위하여 박해를 받는 것과 예수님의 박해 사이에는 어떤 관계가 있는 것입니까?

'의'(義)는 추상적인 명사입니다. 구약에서 등장하는 빈도 수가 가장 높은 단어 중의 하나입니다. 이는 여호와의 심판자 역할과 떼어놓을 수 없습니다. 여호와는 세상의 주재이시기에 공의로 만물을 치리하십니다. 공의는 여호와가 '왕으로 앉으심'의 내적 논리입니다.

"여호와께서 영원히 앉으심이여 심판을 위하여 보좌를 준비하셨도다. 공의로 세계를 심판하심이여 정직으로 만민에게 판결을 내리시리로다"(시 9:7-8).

공평과 공의는 여호와에게서 흘러나온 두 줄기의 강물과 같이 세상을 적셔주십니다.

"오직 정의를 물같이, 공의를 마르지 않는 강같이 흐르게 할지어다" (암 5:24).

의의 원천은 궁극적으로 하나님이십니다. 하나님은 창조주이시고 구원자이시며 또한 입법자이십니다. 의는 하나님이 이 세상을 치리하시는 기본 방식입니다. 그러나 의는 인류 사회의 서로 다른 차원에서 서로 다른 표현을 보여줍니다. 사람과 하나님의 관계에 있어서 의는 "마음을 다하고 뜻을 다하고 힘을 다하여 하나님 여호와를 사랑하는 것"입니다. 사람과 사람의 관계에 있어서 의는 "네 몸과 같이 사랑하는 것"입니다.

사회 속의 가난한 자와 이방인을 대할 때 의는 땅에서 곡식을 거둘 때에 밭모퉁이까지 다 거두지 말고 떨어진 이삭도 줍지 말며 포도원의 열매를 다 따지 말며 포도원에 떨어진 열매도 줍지 말고 가난한 사람과 거류민을 위하여 버려두는 것입니다(레 19:9-10). 자연과의 관계에 있어서 의는 "땅으로 여호와 앞에 안식하게" 하는 것이며 땅과 가축과 들짐승마저도 모두 안식하게 하는 것입니다(레 25:2-12).

그러나 '예수'는 한 사람의 이름이고 특별한 명사입니다. 그리스도인은 이 이름을 통하여 우주의 창조주와 친밀한 개인 관계를 이룹니다. 이 이름 때문에 그리스도인들은 '예수님의 제자'라는 특별한 신분을 가지게 됩니다.

제8복은 '의를 위하여 박해를 받음'과 '예수를 위하여 박해를 받음'을 동등하게 말씀하시면서 우리에게 그 둘 사이의 내재적인 관계를 가르쳐줍니다. '예수를 위하여'는 '의를 위하여'를 내포하고 있고, '의를 위하여'는 '예수를 위하여'로 이끌어줍니다. '예수를 위하여'는 빈말이 아니며 신비한 암호도 아닙니다. 이는 자연과 사회 속에서 사람의 실천과 책임입니다.

'의'를 심령과 사회와 자연의 모든 차원에서 실현하는 것입니다. 이는 신약의 '자녀'라는 신분을 인식하고 구약의 '백성'이라는 책임을 실천하라는 것입니다. 다른 방면에서, 우리는 죄악과 싸우면서 자연과 사회에서 '의'의 실현을 추구할 때 원천과 동력과 방향이 없는 것이 아닙니다. 우리가 심령 깊은 곳에서 예수님과 맺은 사랑의 언약은 우리가 '의'의 나라를 실현하고 '의를 위하여' 박해를 받는 궁극적인 의미를 알게 합니다.

그렇기 때문에 예수님은 '팔복'의 마지막 결론에서 이렇게 말씀하십니다.

"너희 전에 있던 선지자들도 이같이 박해하였느니라"(마 5:12).

이런 의미에서 구약의 선지자도 "예수님의 제자"라고 부를 수 있고 예수님의 제자들도 구약 선지자의 운명을 감당하게 됩니다. 예수 안에서 구약 선지자와 신약 제자들은 하나의 합일을 이룹니다. 이는 신약의 히브리서가 '믿음의 역사'를 정리할 때 왜 다음과 같이 말씀하는지 그 이유가 됩니다.

"또 어떤 이들은 조롱과 채찍질뿐 아니라 결박과 옥에 갇히는 시련도 받았으며 돌로 치는 것과 톱으로 켜는 것과 시험과 칼로 죽임을 당하고 양과 염소의 가죽을 입고 유리하여 궁핍과 환난과 학대를 받았으니 (이런 사람은 세상이 감당하지 못하느니라) 그들이 광야와 산과 동굴과 토굴에 유리하였느니라"(히 11:36-38).

이들은 '의를 위하여 박해를 받은 사람'이며, 또한 '예수를 위하여 박해를 받은 사람'입니다. 바로 '의를 위하여' 그리고 '예수를 위하여' 받는 박해 속에서 세상의 연단을 받으며 그리스도인은 '이 세상에 속하지 않은' 자기의 신분을 간증합니다. 기원 2세기의 한 편지를 살펴보면, 초대 그리스도인들의 '박해를 받는' 운명이 이렇게 쓰여 있습니다.

"나라와 언어와 습관에 있어서 이들은 다른 사람들과 아무런 차이도 없었다. 다른 도시에 사는 것도 아니고 다른 언어를 사용하는 것도 아니며 다른 생활방식을 가지고 있는 것도 아니다. 이들은 문명의 도시이거나 혹은 황량한 농촌이거나 그 어느 지역에든 자기 마음에 맞게 살고 있었고 옷차림이나 음식이나 모든 생활 습관도 현지의 풍습을 그대로 따르며 살고 있었다. 하지만 이들은 또한 다른 세계에 사는 것같이 매우 기묘하고 특별한 생활 품격을 나타냈다. 이들은 자신들의 고향에 살고 있었지만 나그네가 사는 객지처럼 여겼다. 이들은 다른 시민들처럼 똑같은 권리를 가지고 있었지만 도리어 나그네처럼 각종 박해를 받았다. 모든 타향이 이들에게는 고향과 같았고, 이들의 고향은 도리어 타향과 같았다. 이들은 육체로 살지만 처음부터 지금까지 육신의 정욕을 따르지 않았다. 이들은 이 땅에서 살고 있지만 자기들은 천국의 백성이라고 하였다. 이들은 이 세상에 살고 있는 것을 마치 영혼이 육체 속에 살고 있는 것처럼 여겼다. 이들은 이 세상 구석구석에까지 살고 있는데 마치 영혼이 몸 가운데 충만한 것 같았다. 영혼은 몸 안에 있지만 몸에 속한 것이 아니다. 이들은 이 세상에 살고 있지만 이 세상에 속한 것이 아니다."[40]

---

40) Edward Henry Blakeney, *The Epistle to Diognetus*, London: SPCK, 1943, p.46.

이 세상에서 박해를 받는 것은 '참 이스라엘'의 외적 표징으로써 이들이 주님이 십자가에서 핍박받았음을 간증하는 것이며 또한 제자들이 예수님으로부터 참복을 받았다는 증거입니다. 박해받고 조롱당하고 비방 받는 것은 우리가 그리스도 안에서 맞이하는 인생의 결말이 아닙니다. 마치 십자가에서 죽으심이 그리스도의 결말이 아닌 것과 같습니다.

곧이어 예수님께서 '박해를 받는' 사람에게 주신 제8복과 같이 우리에게 "기뻐하고 즐거워하라 하늘에서 너희의 상이 큼이라"고 요구하시기 때문입니다. 박해, 조롱, 비방은 단지 외적인 경험입니다. '기뻐하고 즐거워함'이야말로 내적인 진실한 생명의 체험입니다.

왜 박해를 받는 상황에서도 기뻐하고 즐거워해야 할까요? 박해를 받는 중에 우리는 예수 그리스도 안에 참여하기 때문입니다. 이 참여는 양방향의 참여입니다. 박해 중에서 우리는 예수님의 십자가 고난에 참여하고, 동시에 고난 받으신 예수님도 우리의 박해받음에 참여하십니다.

사울이 예수의 제자들을 박해하기 위하여 다메섹으로 가던 중 부르심을 받은 이야기에서 사람들은 흔히 사울이 '하늘로부터 비추는 빛'에 둘러싸여 예수를 믿게 된 경험에만 주목하고 오히려 사울과 예수님이 나누었던 대화를 소홀히 합니다. "사울아 사울아, 네가 어찌하여 나를 박해하느냐?"라고 말씀하실 때 사울은 반문합니다. "주여, 누구시니이까?" 주께서 "나는 네가 박해하는 예수라"(행 9:4-5)고 대답하십니다.

여기에서 예수님께서 사울에게 한 질문은 "네가 어찌하여 내 제자들을 박해하느냐?"가 아니라 "어찌하여 나를 박해하느냐?"였습니다. 이는 제자들에 대한 박해는 곧 예수님 본인에 대한 박해이고, 예수님께서 받으시는 박해라는 것을 분명히 합니다. 예수님과 제자들과의 연결은 박해 중에서 조금이라도 약화된 것이 아니라 오히려 더욱 굳건해집니다. 제자들은 그리스도 안에서, 그리고 그리스도를 통해서 박해를 감내합니다. 그리스도도 제자들 안에서 세상이 주는 박해를 받으십니다. 예수님께서 육신을 통해 십자가 고난을 받으신 것처럼 이제 참 제자들을 통하여 계속하여 고난을 받고 계십니다. 어디든 박해가 있는 그곳에 예수님은 계십니다.

그리스도인의 생명은 예수님의 생명에 참여함으로 완전함을 얻습니다. 모든 그리스도인의 인생은 곧 예수님 생명의 재현이고, 이것이 곧 "내 안에 그리스도께서 사시는 것"(갈 2:20)의 완전한 의미입니다. 예수님의 일생은 성육신으로부터 십자가에 죽으시고 무덤으로부터 부활에 이르는 사건들로 이루어져 있습니다. 예수님을 통해 우리의 생명을 깨닫는 것은 곧 이러한 사건들이 우리에게 주는 의미를 깨닫는 것입니다.

동시에 예수님의 생명은 하나의 완전체이시기에 우리가 이런 사건들을 깨달을 때 하나하나 단편적인 사건으로 보아서는 안 됩니다. 반드시 하나의 사건이 다른 사건들을 내재적으로 포함하고 있음을 총체적으로 보아야 합니다. 예수님의 성육신은 십자가를 통하여 완전하게 되고, 사망의 상징인 십자가는 예수님의 무덤에서의 부활을 통하여 영광과 승리의 상징이 되며, 결국 예수님의 성육신으로 우주에 가져다주신 영원한 평화라는 목적을 실현합니다.

이렇게 성육신과 부활을 내재한 십자가는 사람들에게 비관적인 십자가가 아니라 소망의 십자가가 됩니다. 우리가 십자가 앞에 나갈 때 나사렛 사람이 못 박혀 죽음에 대한 깊은 비통함만 얻게 되는 것이 아니라 승리하시고 우리를 맞아주시는 왕을 깊게 사랑하는 마음을 얻게 됩니다. 십자가는 희생이지만 생명이기도 하고 사랑과 희망이기도 합니다. 마치 동방교회의 전통이 십자가를 네 개의 꽃송이로 꾸민 것과 같이 십자가는 추악한 형벌 도구가 아니라 꽃과 같이 생명의 원만함과 풍성함을 표현하는 것입니다.

십자가에 대한 이러한 관점을 가지고 우리가 예수님께서 말씀하신 박해 가운데서도 "기뻐하고 즐거워하라"는 명령을 보면 더 잘 깨달을 수 있습니다. 우리는 그리스도와 함께 고난을 받아야 그리스도의 영광이 드러나실 때 기뻐하고 즐거워할 수 있습니다(벧전 4:13). 예수님과 함께 박해를 받았다는 것은 우리가 기뻐하고 즐거워할 바입니다. 마치 십자가가 우리의 생명의 꽃인 것과 같습니다. 이는 우리로 하여금 예수 생명의 신비로움을 더욱 깊게 경험하게 합니다.

예수님은 자신의 죽으심으로써 사망을 깨뜨리셨습니다. 고난을 받으심으로써 고난을 깨뜨리셨습니다. 박해를 받으심으로써 모든 핍박을 깨뜨리셨습니다. 이러한 생명의 주인과 연결될 때 우리 생명이 겪는 모든 것은 전부 예수 안에서 전환되고 승화될 것입니다.

앞의 일곱 개 복에 관한 가르침과 비교해 볼 때 제8복에 관한 예수님의 가르침은 층층이 쌓여있는 구조이고 높고 낮음이 두드러져 있습니다.

제8복은 하나의 경고입니다. 예수님의 제자가 되려면 그 인생에는 단지 평안함과 편안함만 있는 것이 아니라 세상의 연단도 있고, 심지어 세상의 핍박 속에서 '그리스도 예수의 마음을 품는' 과정을 거쳐야 합니다. 제8복은 하나의 격려입니다. 우리에게 십자가 위의 생명의 꽃을 바라보게 하시고 세상의 박해 속에서도 '기쁘고 즐거운' 마음을 유지하도록 합니다.

제8복은 또 하나의 약속입니다. 예수님은 자기 자신을 우리에게 약속으로 주셨습니다. 핍박 속에서 우리의 생명 안에 참여하셨습니다. 우리와 함께 고난을 받으셨습니다. 이는 모든 고난 속에서 고통하는 사람들에게 핍박과 고난이 곧 예수님의 축복임을 깨닫게 합니다. 이는 천국 문을 두드리는 돌멩이가 아니라 우리를 천국 백성으로 받아 줄 '약속의 증표'입니다.

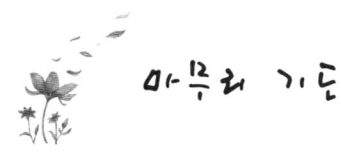

그리스도시여,
당신은 우리의 왕이십니다. 주님은 사람으로 태어나셔서 우리에게 당신의 영광을 누리게 하셨습니다.
간구하오니, 우리가 일생 살아가는 세월 속에서 우리의 믿음과 선한 행동으로 당신을 영화롭게 하소서.

그리스도시여,
당신은 구유에 태어나셔서 낮고 천한 신분으로 우리와 함께 하셨습니다.
간구하오니, 우리로 주님의 탄생을 의지하여 겸손하게 주의 빛나는 나라를 영접하게 하소서.

그리스도시여,
당신은 사람의 모양을 취하시고 죽음과 부활의 생명으로 크신 권능을 보여주셨습니다. 간구하오니, 우리로 주의 생명으로 살게 하시고 환난 가운데서도 기뻐하고 즐거워할 수 있게 해주소서.

그리스도시여,
팔복은 주께서 행동하시는 복음이고 우리 삶의 모범입니다.
간구하오니, 우리 안에 계셔서 우리가 팔복의 모양으로 주의 생명을 살게 하옵소서.

아멘!

Epilogue

모든 사람의 성탄

그리스도가 성육신하심은 하나님께서 세상을 경영하시는 하이라이트이고, 역사적으로 가장 위대한 사건이며, 모든 사람이 구원을 받는 '일회적이고 영원한' 근원입니다.

그리스도의 성탄은 일회적입니다. 예수님은 2천여 년 전 베들레헴에서 태어나셨습니다. 그러나 그리스도의 성탄은 또한 하나님께서 창조 세계를 경영하시는 구원 계획 전반에 관통되어 있습니다. 하나님은 끊임없이 생명을 주시는 성령을 불어넣으셔서 우리 안에 하나님의 생명이 탄생하게 하십니다. 성령은 모든 예수를 따르기를 원하는 사람들 마음속에 그리스도가 끊임없이 탄생하게 하십니다. 우리 생명 속에서의 예수 탄생은 우리의 삶이 됩니다. 성탄은 끝난 것이 아니라 지금도 살아 숨쉬는 과정입니다.

성탄의 핵심 의미는 '살아 있음'(生生)입니다. 우리는 그리스도 안에 살아 있고 그리스도는 우리 안에 살아 계십니다. 그리스도가 사람으로 이 세상에 태어나심으로 우리는 영생에 들어갈 수 있고 하나님의 신성한 생명을 함께 누릴 수 있었습니다. 신앙 전통에서 흔히 우리의 마음을 여성으로 비유합니다. 예를 들면 우리의 마음을 신부와 어머니의 이미지로 표현합니다. 우리의 마음은 마치 신부처럼 신랑 되신 그리스도와 결합하기 위하여 사랑을 드립니다. 또 우리의 마음은 마치 어머니처럼 영적으로 마리아의 특권을 누리며 성령의 크신 능력을 힘입어 우리 마음속에 그리스도를 잉태하고 그리스도를 탄생시킵니다. 그리스도의 탄생이 우리 마음속에서 이루어져야만 그의 생명이 우리의 생명이 되고 예수님의 성탄이 우리의 성탄이 되며 성탄 절기의 축하가 그리스도의 사명을 실현하게 됩니다.

그러므로 성탄의 신비가 갖는 진정한 의미는 우리가 그리스도가 사신 일생을 그리스도 안에서 살아내는 데에 있습니다. 사실상 그리스도가 우리 안에서 이 모든 것을 살아내고 계시는 것입니다. 성부께서 성자를 사람으로 태어나게 하신 것은 그리스도의 마음이 우리의 마음이 되게 하시려는 것입니다. 오늘, 우리가 그리스도의 성탄에 참여하는 것은 우리의 마음이 그리스도의 마음이 되게 하시려는 것입니다.

'살아 있음'을 핵심으로 한 강림 절기와 성탄 절기는 우리를 살아 계신 하나님을 영접하고, 우리 안에 살아 계신 그리스도의 말씀을 영접하도록 일깨워줍니다. 고대 교부 오리겐은 이렇게 말했습니다.

"끊임없이 하나님 안에서 태어나는 사람은 복이 있다. 나는 의인은 하나님으로부터 단 한 번만 태어난다고 생각하지 않는다. 오히려 그는 매번의 선행에서 태어난다. 매번 의인이 선을 행하는 것은 하나님으로부터 나온 것이다. 성부는 영원히 거룩한 말씀을 낳으신다. 그리고 너희가 자녀로서 사랑하는 마음을 가지고 있다면 하나님은 매번 너의 선한 생각과 선한 행동 가운데서 너를 낳으신다. 너는 이렇게 끊임없이 거듭나면서 그리스도 안에서 영원히 하나님의 자녀로 살아가는 것이다."[41]

우리가 성령 안에서 마음이 거듭나는 것은 곧 우리가 성삼위 하나님 안에서 생생하게 살아 있는 것입니다. 성탄을 향한 이 강림절기는 우리의 소망, 경성, 회개, 희락의 마음을 일깨워주고 우주의 살아 계신 하나님이신 그리스도를 영접하게 합니다. 이 절기를 경축하는 방식은 성령이 우리를 그리스도와 더욱 긴밀하게 연합시켜 주고 삶 속에서 우리를 그리스도의 말씀으로 인도하는 것입니다. 예수님이 산상수훈에서 선포하신 팔복은 곧 그리스도인 생활의 헌장입니다

---

41) J. C. Smith, trans. *Origen's Homilies on Jeremiah and Kings 28* (Washington, D. C.: Catholic University of America Press, 1998), on Jer 9:4.

다. 팔복은 예수님께서 우리에게 주신 윤리 명령이기도 하고, 더욱이 예수님 자신의 생명 상태에 대한 묘사입니다. 팔복은 예수님이 하나님의 생명의 빛 가운데서 충분히 살아내신 그의 인간적인 생명입니다. 팔복은 예수님의 성탄이 온전히 드러난 것이고, 우리가 반드시 본받고 실천해야 할 생명 수칙입니다. 성탄이 우리 삶에 주는 의미는 곧 팔복에 대한 묵상, 수양과 실천 속에 담겨 있습니다.

팔복의 말씀을 통하여 우리는 그리스도에게 나아갑니다. 왜냐하면 팔복은 곧 그리스도의 말씀이기 때문입니다. 이 길에서 우리는 영생의 원천을 향해 나아갑니다.

그리스도의 길은 곧 생명입니다.

21일간의 성탄 묵상
찾아오신 예수

1판 1쇄 인쇄 _ 2022년 9월 24일
1판 1쇄 발행 _ 2022년 9월 30일

지은이 _ 유빈
옮긴이 _ 문영걸
펴낸이 _ 이형규
펴낸곳 _ 쿰란출판사

주소 _ 서울특별시 종로구 이화장길 6
편집부 _ 745-1007, 745-1301~2, 747-1212, 743-1300
영업부 _ 747-1004, FAX 745-8490
본사평생전화번호 _ 0502-756-1004
홈페이지 _ http://www.qumran.co.kr
E-mail _ qrbooks@daum.net / qrbooks@gmail.com
한글인터넷주소 _ 쿰란, 쿰란출판사
페이스북 _ www.facebook.com/qumranpeople
인스타그램 _ www.instagram.com/qrbooks
등록 _ 제1-670호(1988.2.27)
책임교열 _ 오완·이민경

© 유빈 2022 ISBN 979-11-6143-762-0 93230

책값은 뒤표지에 있습니다.
이 출판물은 저작권법에 의해 보호를 받는 저작물이므로 무단 복제할 수 없습니다.
파본(破本)은 구입처에서 교환해 드립니다.